時評でみる
経済近景・遠望

入来院　重建

時評でみる経済近景・遠望　目次

第一章　小さな政府路線は道半ば……………………5
一「原油60ドル台」過度な不安は無用だ　6
二「構造改革の行方」小さな政府路線は貫徹を　8
三「シーリング」予算査定力の強化を　10
四「戦後60年・復興と喪失」新たな枠組みと価値観を　13
五「新政権の経済課題」改革期待に実績示せ　15
六「プラザ合意20年」問われる日本の学習効果　17
七「政府系金融機関」看板だけの統廃合は駄目だ　20
八「GDP速報」景気底堅いが油断禁物　22
九「政府系金融機関統廃合」スリム化はまだ終わらない　24
十「株式大量発注ミス」東証システムの抜本改革を　26
十一「与党税制改正大綱」増税で小さな政府とは　29
十二「堀江容疑者起訴」証券監視委の能力向上を　31
十三「過剰雇用607万人」成長戦略が描けていない　33
十四「GDPプラス転換」安心するのはまだ早い　35

第二章　民主党政権　ちぐはぐさの果てに……………39
一「第3回金融サミット」新首相は臆せず語れ　40
二「温暖化新中期目標」政治主導はこれからだ　41
三「政策点検」ちぐはぐさの修正を急げ　43
四「来年度予算案」財政破綻の危機感ない　45
五「金融規制」ボルカー・ルールを生かせ　47
六「財政運営戦略」健全化は不退転覚悟で　49
七「概算要求基準」辛うじてたがはまった　51
八「改造内閣の経済課題」補正予算が試金石だ　53
九「TPP参加問題」大局見据えた熟議を　55
十「経済展望」不安の先に明るさを　56
十一「一体改革」政争の時は過ぎている　58
十二「福島原発事故」東電は経営体質を見直せ　60
十三「復興財源」臨時増税へ国民的合意を　62
十四「発送電分離」前向きな議論の機会に　64
十五「国債リスク」ギリシャを他山の石に　66

十六「第3次補正予算」与党は増税から逃げるな　68
十七「復興増税」新体制の実行力示せ　70
十八「TPP交渉」論議がまだ足りない　72
十九「G20首脳会合」世界は結束と投機規制を　74
二十「経済展望」身の丈に合った戦略を　76
二十一「格付け会社と政府」投機資金先導に歯止めを　78
二十二「IMF資金増強」ようやく安全網が整った　80
二十三「G20首脳会合」問われるEUの意志　81
二十四「日本再生戦略」画餅に終わらせるな　83
二十五「環境税導入」温暖化対策に弾みを　85

第三章　アベノミクス　財政・金融に後遺症………89

一「13年度政府予算案」遠ざかる財政健全化　90
二「電力システム改革」政府は手綱を緩めるな　92
三「骨太方針」財政再建後退の懸念　94
四「日銀景気回復宣言」再び「実感なき」の懸念も　96
五「中期財政計画」健全化の熱意あるのか　98
六「リーマンショック5年」暴走マネーが世界を壊す　99
七「気候変動報告書」温暖化の警鐘に応えよ　101
八「14年度政府予算案」財政再建いつやるのだ　103
九「黒田日銀総裁1年」デフレ脱却へ正念場だ　105
十「温暖化防止報告書」次世代への責任果たせ　107
十一「GDP大幅減」構造的要因を直視せよ　109
十二「日銀が追加緩和」デフレ脱却に危うさ　111
十三「日独財政格差」政府の責任感の違いだ　112
十四「社外取締役の功罪」官僚天下りの拡大も　114
十五「電源構成比」原発回帰の説得力欠く　116
十六「景気動向」成長戦略に黄信号　118
十七「GDP600兆円」現実離れした目標　119
十八「COP21閉幕」パリ協定で温暖化阻止を　121
十九「安倍政権の経済運営」国家資本主義の色濃く　123
二十「G7協調と消費税」首相演出に強い違和感　125
二十一「英国のEU離脱懸念」市場混乱回避に連携を　127

二十二「課税逃れ対抗策」国際枠組み一層強化を　128
二十三「膨張する政府予算」財政金融依存は危うい　130
二十四「金融政策修正」日銀は率直に限界語れ　132
二十五「GDP統計見直し」中立堅持し精度向上を　134

第四章　トランプ旋風　世界経済大混乱……137

一　「温暖化対策会議と米国」パリ協定から逃げるな　138
二　「来年度政府予算案」歳入見積もりは手堅いか　140
三　「トランプ氏投資圧力」ひるまず反論を　141
四　「日米経済対話」粛々と互恵の道探れ　143
五　「米国の通商政策」貿易秩序を壊す気か　145
六　「財政破綻の回避策」家計しわ寄せに警戒を　147
七　「米国のパリ協定離脱」温暖化の責任放棄だ　148
八　「日欧EPA大枠合意」自由貿易に絶好の合意だ　150
九　「物価目標6度の延期」2%設定に無理がある　152
十　「GDP6期連続増加」内需主導型は本物か　154
十一「企業の余裕資金」賃上げや投資に活用を　156
十二「神戸製鋼データ改ざん」日本ブランドの危機だ　158
十三「教育無償化」所得格差拡大は論外だ　160
十四「税制改正」国政選挙なく増税露骨に　161
十五「原発ゼロ法案」元首相の指摘傾聴を　163
十六「財政健全化目標」達成の意欲あるのか　165
十七「米が鉄鋼アルミ高関税」どこまで自分本位なのか　167
十八「原油70ドル台乗せ」適温経済揺らぐ懸念　169
十九「G7サミット」米の孤立化は当然だ　171
二十「税収増と歳出膨張」財政健全化どこ吹く風か　172
二十一「経済政策の看板」上書き重ね成果どこに　174
二十二「日米新通商交渉」TPP合意の線譲るな　176
二十三「米中首脳会談」休戦機に交渉正常化を　178
二十四「二大自由貿易圏が発効」1強より互恵の道を　180
二十五「問われる官邸官僚」攻めの政策が裏目に　182

第五章　ITとコロナと格差社会……………185

一「IT企業と公取委」デジタル取引の監視強化を　186
二「デジタル経済の波」新たな統計整備を急げ　188
三「G20大阪サミット」米国に振り回され過ぎだ　189
四「米10年半ぶり利下げ」緩和マネーに警戒を　191
五「日米貿易協定合意」自由貿易の旗手なのか　193
六「巨大ITに法規制」ルールと競争の両立を　195
七「経済展望」危機領域から脱却急げ　197
八「楽天と公取委が対立」送料押しつけはないか　198
九「過去最大の緊急経済対策」安心はまだ見えない　200
十「原油価格急落で協調減産」世界経済の混乱避けよ　202
十一「財政無責任政権」税金のアベノサイフ化顕著に　204
十二「ネット広告規制」透明性高めるルールを　207
十三「景気後退を初認定」幻の戦後最長は罪深い　209
十四「政府予算の概算要求」主計官僚の使命果たせ　210
十五「米新政権の経済課題」協調体制の再構築を　212
十六「GDP11年ぶりの減少」コロナ後の復活険しい　214
十七「国民負担率上昇」それでも自助優先なのか　216
十八「国際的な企業課税」財源安定化へ各国協調を　218
十九「ネット広告に法規制」実効性が試される　220

はじめに

本書は２００５年から２０２１年までに社内外で執筆した経済時評を時系列で取りまとめたものである。この時期の前半は新自由主義による小さな政府路線で国のスリム化を目指した。しかし１３年からの第２次安倍長期政権下で続いたアベノミクスは、結果的に日本経済の基盤を大きく毀損した。異次元の金融緩和と大胆な財政出動は、産業の競争力低下、金融機能の不全、財政ポピュリズムによる歯止めなき借金国家―という負の遺産を積み上げた半面、成長戦略は事実上放置され、社会の停滞や格差化という惨状を露呈した。

この間民主党政権の誕生・挫折（２００９～２０１２）もあり、米国では異形の第1次トランプ政権が登場し、世界経済の枠組みを揺さぶった。また地球温暖化が深刻化し、パリ協定などの温暖化対策の試行錯誤が続けられた。

時評で取り上げたテーマは、当時の景気動向や経済政策、世界経済動向など多岐にわたるが、時の流れは加速し、政権はその後4年ではやくも菅、岸田、石破時代と続く。時評の時期は遠景に退きつつある。しかし、日本の宿痾とも言える政治や行政の怠慢による先送り体質のためなのか、残念ながら、折々の時評で指摘した政策課題や構造問題の大半は解決されていない。それどころか悪化して今日に至っている。一言で言えば、何一つ変われない日本が続いているのである。将来日本の全体像の不在、歯止めのない借金財政、手をこまねくばかりの温暖化対策、混迷が続く世界経済秩序など、課題は山積、深刻化するばかりだ。さらには、安全保障上のリスクを優先させた自由貿易や投資の封じ込めも時代の潮流になっている。トランプ大統領の再登場に至っては、4年前の既視感がより破壊的となって迫り来ており、世界の行き着く先を暗示している感さえする。

一方で、IT時代のうねりが功罪相まって本格化しているのが、時評執筆後に鮮明になった事象であろう。時評でも、ネット取引の急拡大に伴うプラットフォーマーの優先的地位利用問題などデジタル経済の課題を取り上げたが、現在世界で最大の焦点化しているのは、情報伝達メディアSNSの日常化によるパラレルワールドの出現である。リアルとは別世界の存在、あるいは社会の分断ともいえる現象だ。

簡単ではないファクトチェックを最優先に、リアルな情報を伝える新聞、テレビの既存メディアと違って、虚実ない交ぜのSNSが情報メディアの主役となる中で、兵庫県知事選での斉藤元彦知事再選、トランプ米大統領復活は、いずれもパラレルワールドの存在なしには説明が付かない。SNS時代の到来なしにはあり得なかった現象だろう。厳格なファクトチェックを経て流される既存メディアの情報には目もくれずに、手元にあるスマホだけに情報を頼って物事を判断する層が量的に優位に立った証ではないか。そして、とにかく事実か否かは二の次で、ユーチューブなどで世間の歓心を買う物語を流して、広告収入を得る商法が活況だ。「アテンションエコノミー（関心経済）」といわれる

SNS時代ならではのビジネスだ。「選挙に不正があったと信じて疑わず、議会襲撃という暴挙に走った群衆は恩赦を受けて当然」、「斉藤兵庫県知事は県政改革の旗手であり、抵抗勢力による被害者だ」。別世界では、これがリアルワールドとなる。斉藤知事の再選に批判的だった元県議が自殺した際には「県警に事情聴取されていた」との誤情報を元にSNSに投稿した東国原英夫氏が、ファクトチェックが十分でなかったと謝罪したが、余りに軽率な妄動と言わざるを得ない。ファクトチェックの難しさや重みを、一体どれだけ分かった上での言動なのか。ジャーナリズムにとって、ファクトチェックは仕事の全てといってよく、そのために、現場記者の裏付け取材の労力はもちろん、デスク、整理、校閲と何段階ものチェック部門を経る。それでもなお残念ながら、間違いは避けられないほど難しさが付きまとうのである。SNSに浮遊する不確かな情報が軽々と、広く拡散する現状は憂慮に堪えない。

トランプ新政権に配慮してか、1日で数百万件もの誤情報や不適切投稿を削除した実績のある米国のメタ（旧フェイスブック）が、誤情報を削除するファクトチェックの廃止を決めた。フェイクに寛容な社会に向かう流れに拍車がかかるのは明らかだろう。民主主義のみならず現代世界のすべての社会的基盤は事実（正しい情報）を前提に築き上げられている。事実（リアル）の世界が急速に風前の灯火になろうとしているのが直面する状況なのだ。SNSによる誤情報に振り回される社会や政治のリスクを、正面から取り上げることが喫緊の課題であろう。

第一章

小さな政府路線は道半ば

一　「原油60ドル台」過度な不安は無用だ　０５年７月25日

原油価格の指標である米国産標準油種（ＷＴＩ）が７月に入って一時１バレル＝62ドルを超え、その後も60ドルを挟んで一向に下落する気配がない。好調な世界経済にけん引され実需が堅調なのに加えて、投機資金が原油市場に狙いを付けて流入していることが大きな要因だ。実需の強さに見合って高止まりがある程度持続するのは避けられないだろうが、日本経済は省エネや石油離れが進んでいるため、影響は限定的だろう。

原油の価格は２００３年は１バレル＝30ドル台で推移していたが、０４年に入って、じり高傾向をたどり、秋には一時55ドルを付けた。今年になっても高値圏でもみ合い、７月にはハリケーンシーズン到来でメキシコ湾岸の石油生産への影響が懸念されたことから60ドル前後で推移。今回の急上昇は需要の急増と供給懸念の双方に起因しているのが特徴だ。

日量８千万バレル程度だった世界の需要は好調な経済を背景に昨年から徐々に旺盛となった。特に世界で１、２位のエネルギー消費国の米国、中国の需要が拡大。高度経済成長を続ける中国は、近年原油の生産量が日量３００万バレル程度にとどまっているのに対して、消費量はエネルギー効率の改善が進まない中で大幅な伸びを続けており、昨年は７００万バレル近い消費量になった。輸入依存度は５割近い。今回の人民元切り上げで購買力はいっそう高まった。

一方、供給サイドはどうか。世界の約30％を占める石油輸出国機構（ＯＰＥＣ）は生産量を徐々に拡大させ、現在約３千万バレル。このところ生産能力はほとんど増えていないため、実際の生産量を差し引いた生産余力は２００万バレルを切った。サウジアラビア以外は目いっぱいの操業となっている。価格の高騰で油田の開発投資も出ているが、新規開発には５年程度かかるというのが業界の常識だ。

さらにイラクはもちろん、油田が集中している中東全体がテロや紛争の危険地帯で、当分安定の見込みがないことが供給不安を増幅させている。

それに加えて、こうした「世界的需給の逼迫《ひっぱく》を、価格の下振れ懸念が少ないと読む」（資源エネルギー庁）米国などの投機的資金が、短期的利益を狙って原油市場に流入。これが需給のファンダメンタルズ以上に価格を高騰させる要因になっているという。今のところ60ドルのうち投機的資金による上昇幅は10ドルを上回るのではないかと業界関係者はみている。

原油高騰の影響もじわじわ出始めている。航空運賃は相次いで値上げされ、ガソリン価格も１リットル１２０円を超える高値がついた。流通や中小運輸など価格に転嫁できにくい業界ではコスト圧迫要因になっている面もある。

しかし石油危機など過去の原油高騰時に比べると暮らしや産業界への打撃はいまのところ少ない。省エネ技術の進歩や代替エネルギーの開発で石油離れが進んだ結果、日本のエネルギー供給における石油依存度は50％と石油危機前に比べて30ポイント下がっている。また国境を越えた単一市場化が進み、デフレ経済下にあって原油高が急激に物価へ跳ね返る状況は少なくなっていることも大きい。経済や暮らしは、かつてと比べると原油価格の呪縛《じゅばく》から解き放たれており、石油危機の時のようなパニックを連想する心配は無用だ。

二　「構造改革の行方」小さな政府路線は貫徹を　05年8月9日

デフレ不況の真っただ中に「官から民に」を旗印に登場した小泉純一郎首相の構造改革路線は、自ら本丸と設定した郵政民営化関連法案が参院で否決され頓挫。衆院を解散し郵政民営化の是非を国民にあらためて問うことになった。

郵政改革は自民党内反対派の攻勢で妥協を重ねた結果、国民の目には民営化の狙いがどこにあるのか分かりにくい法案になった末での流産だ。しかし現政権のこの4年余の政策をみると、公共事業予算を圧縮する中で景気の自律回復を可能にするなどの実績も残した。

日本には現在、先進国で最悪の状態にある財政の再建を通して効率的な政府に転換するための課題が山積している。今後どのような政権が誕生するにせよ、小さな政府への構造改革路線を後戻りさせるようなことがあってはならない。

小泉改革の前哨戦だった道路関係４公団の民営化は今年10月に実現するが、40兆円余りの債務返済を優先し非効率な道路建設に歯止めをかける改革の狙いは、すったもんだの騒動を経て挫折、国民の期待を裏切った。

郵政民営化も現行の公社から、持ち株会社の下に郵便や郵貯、保険など４つの新会社を発足させる案だったが、完全民営化が達成される10年後も新会社の一体運用を事実上認めるなど、民営化のメリットが分かりにくくなったのは否定できない。

仮に法案が成立しても、道路公団改革のどたばたを見せつけられた国民からすれば、民営化はお題目だけで実態はあまり変わらない茶番とみられる宿命が付きまとう。それでも成立すれば、後からでもより良い民営化に向けた見直しが可能になっただろう。

しかし法案が否決された結果、日本のメガバンクや大手生保を圧倒する規模の郵貯、簡保という先進国で例を見ない国有のガリバー金融機関が温存されることになる。今後の政権がどうなるのかにもよるが、民営化法案がいったん否決されたことで郵政改革には当分手を付けられなくなる公算もある。海外から「やっぱり日本は改革ができない国だ」とみられるデメリットは大きい。

さらに資金の流れの「入り口」を、官から民に変えることが狙いの一つだった郵政改革が挫折したことで、秋から進めるはずだった資金の「出口」である政府系金融機関の統廃合などの改革も宙に浮くことは避けられまい。

小泉首相の政治手法に大きな問題があるのは否定できないが、首相就任以来政府予算が様変わりしたのも事実だ。バブル崩壊後の歴代政権が景気浮揚のため公共事業や減税など財政に負担をかける予算を組んだが、結局は不況から脱することができずに国の借金だけが膨らんだ。デフレのふちでバトンを受けた小泉首相は緊縮予算に転換。財政に頼らず景気を回復させた功績は大きい。バブル崩壊後10余年来の課題だった不良債権問題の解消にも道筋を付けた。

今後、政府系金融機関の改革以外にも、少子高齢化に伴い増大する社会保障関係費の圧縮、公務員の純減など構造改革の課題は山積している。借金で浮沈の瀬戸際にある日本の財政を持続可能にするためには、「官」の無駄を省き「民」を中心にしたスリムな経済を目指す以外にないということを、われわれは肝に銘じなければならない。

三 「シーリング」予算査定力の強化を　05年8月15日

２００６年度政府予算の概算要求基準（シーリング）が決まった。通常は7月末に閣議了解されるが、今年は郵政政局のあおりでずれ込み、衆院解散下での異例の決定となった。

一般歳出は47兆5千億円と抑制型を継続したが、公共事業関係費を前年度当初予算費3％マイナス、社会保障費の伸びを２２００億円圧縮するなど前年度を踏襲した内容。新政権の政策待ちで仮置きの数字との感が強い。

日本経済が不良債権はじめ過剰雇用、過剰設備の３つの過剰解消にめどを付けた現在、直面する課題は先進国で最悪の財政赤字に歯止めをかけることだ。選挙後にどのような政権が誕生するにせよ、今回のシーリング決定から12月の政府案決定まで財務省は聖域なき厳しい予算査定にまい進してほしい。

日本の台所事情は現在、国の赤字だけで５３８兆円。これを税収だけで返済するには12年かかる計算だ。０５年度予算でも政策的経費である一般歳出と地方交付税交付金を含めた支出は63兆円だが、税収等を除く不足分が42％、34兆円にも上り、これを国債による借金で穴埋めする構造だ。主要先進国の借金が減少傾向にある中で、日本だけが非常事態であるのに悪化に歯止めがかかっていない。政府は国・地方合わせた政策的支出を税収で賄えるよう基礎的財政収支を１０年代初頭に黒字化することを目指しているが、なお道遠しと言わざるを得ない。

０６年度は、一般歳出の40％以上を占める社会保障関係費の抑制が引き続き最大の課題である。高齢化の進展に伴い増加傾向はやむを得ないにしても、聖域扱いすることは許されない。今回のシーリングでは高齢化に伴う自然増分8千億円のうち圧縮幅は取りあえず昨年と同様２２００億円としたが、当初の狙いの４千億～5千億円の圧縮に今後近づけてほしい。

また公共事業関係費は5年連続でマイナスシーリングとなる。それでも１９９０年代の後半に景気対策の柱だったことが影響しており、まだ高水準にある。９７年度までは20兆円前後だった国債発行額が、９８年度予算以降30兆円をあっさり突破したのは、景気対策として財政に負担をかけすぎたのが大きな要因だ。

しかし度重なる財政出動でも効果が上がらず、２００２年度以降の公共事業削減で景気が自律回復に向かうという皮肉な成果が達成された。この点を踏まえればまだカットの余地はあるだろう。懸案になっている公務員の純減が実現するかどうかも来年度予算編成の中で見えてくる。これらの歳出カットメニューをどこまで達成できるかは今後の主計局の腕力にかかっている。

あらかじめ予算枠を設定するシーリング方式が、かえって主計官の査定能力を弱めたとの指摘は財務省ＯＢからも聞かれる。要求官庁で絞り込んだ予算案が提出されることで主計官の査定姿勢がそがれ、物分かりが良くなってしまいがちというのがその理由だ。

未曾有の財政危機にあって、小さな政府を目指す中でなおかつ国民に必要な予算なのかどうか。国の台所を預かる財務省は初心に帰って大胆かつ細心に予算を査定し、歳出カットを断行してもらいたい。

四　「戦後60年・復興と喪失」新たな枠組みと価値観を　05年8月19日

この60年で日本経済は2度の復興を経験した。生産基盤の壊滅をもたらした第2次世界大戦終結後の復興期。これを踏み台に高度経済成長に入り、石油危機や大幅円高を克服しながら国内総生産（GDP）世界第2位の経済大国に飛躍した。

その頂点の1990年にバブル経済が崩壊。膨大な不良債権処理などに追われる第2の復興期が最近まで続く。「豊かな社会」の虚妄の部分だったバブルの後始末をし、ようやくデフレから脱しつつある現在、日本は先進国中最悪の借金国になった。

1億総中流から貧富の2極化、満足感の低下へと暮らしの劣化も進んでいる。「60年」後に踏み出すに当たり、心しなければならない点はこれらの喪失感の解消だ。

日本経済は、56年に「もはや戦後ではない」との経済白書が出され、60年の池田勇人内閣から高度成長が始まった。戦後の焦土の中から石炭、電力、鉄鋼などの基幹産業に資金を重点配分する傾斜生産で復興の基盤整備をする一方で、国際通貨基金（IMF）、関税貿易一般協定（ガット）という世界の自由貿易体制に復帰し繊維、電機、自動車と世界の市場で競争力を高めた。その結果、68年に西ドイツ（当時）を抜いて世界2番目の経済大国となり、国民の暮らしも向上、「豊かな社会」へ自信を深めた。

「日本の奇跡」とまで言われた復興の秘訣は（1）産業育成強化のための産業政策や、国際競争力に合わせて貿易自由化を進めた政官財の鉄の連携（2）終身雇用や年功序列賃金に支えられた勤勉な労働力と企業社会―などの日本型システムだ。軍事面で日米安保に守られ経済復興にまい進できた面も見逃せまい。

このシステムは、ニクソンショックなど70年代を通じた変動相場制移行による円高調整や、2度の石油危機を克服したあたりから海外で「日本株式会社」と称され、80年代初頭には「ジャパン・アズ・ナンバーワン」と驚異の的になった。

この自信が85年のプラザ合意での大幅円高受け入れにつながる。円高不況を克服した後は「世界に貢献する日本」を対外公約し、財政出動などによる大幅な内需拡大と低金利政策の継続を迫られる。これが地価や株価の暴騰を招き、90年のバブル崩壊を迎える。

そして、これまでの「豊かな社会」を支えた政官財の連携は、公正な競争を阻害する談合や癒着という「負の遺産」に転換する。企業も世界市場での競争力を保つためスピードと成果に比重を移し、年功序列はじめ旧来のシステムから大きくかじを切っている。日本経済や企業の仕組みを一刻も早く世界標準と整合させる時期だ。

バブルの後始末の結果GDPの1・5倍の774兆円に借金が膨らんだ国・地方のスリム化も待ったなしだ。いやでも応でも、激変した環境に合わせる新しい日本型システムの構築を迫られているということだろう。

　システムを支えた旧来の価値観を転換する時でもある。欧米に追いつき追い越せで熱気をはらんだかつての成長神話は消滅。暮らしの不満足感、将来の不安感は増大している。幸せで安心な社会は究極のテーマだが、日本一国中心でモノ、カネを尺度にするＧＤＰ偏重の発想を改めることだ。従来型の豊かさの指標を見直し、有限の地球環境を優先する価値観を獲得して成熟社会を迎えたい。

五　「新政権の経済課題」改革期待に実績示せ　０５年9月13日

　総選挙で「改革を止めるな」をスローガンに掲げた自民党の圧勝は、国民が停滞気味の構造改革の断行を小泉純一郎首相に託したということだ。しかしこれまで改革をけん制、骨抜きにしてきたのもまた自民党である。首相は選挙で得た強いリーダーシップで党内の族議員や官僚の既得権に切り込み、国民の負託に応える実績を示すべきだ。

　首相は郵政民営化法案を真っ先に成立させる方針だが、個々の政策の前提であり国の骨格を形作る財政再建に早急に道筋を付けることが重要だ。

　国債発行額は小泉政権下でも毎年30兆円台の高水準で推移、発行残高は５３８兆円と12年分の税収に相当する惨状だ。しかも危機に直面しながら２００５年度も、政策的経費である一般歳出を税収だけで賄えない予算を組んでいる。

「兆」を「万」に置き換え1カ月の家計に例えると、月収（税収と税外収入）は47万円あるが、ローン元利払い分（国債費）18万円を差し引いた可処分所得は29万円。しかし家計費（一般歳出）に47万円、実家への仕送り（地方交付税）に16万円見込むので34万円を新たな借金（国債収入）に頼らざるを得ない。

こんな家庭にお金を貸してくれる金融機関はない。財政は事実上破たんしていると言った方が正確だろう。政官が永年の間、小手先の手法で問題を先送りし、年々借金が積み重なった結果だ。

しかも景気回復に伴い現在のゼロ金利状態が年内にも上昇するようだと国債費の負担もかさんでくる。金利が1％上がると06年度1・5兆円、08年度4・4兆円も増加するとの試算もある。

もはや一刻の猶予も許されない。政府は歳出カットだけでは財政の均衡が不可能とし、歳入対策と一体で黒字化を目指す道筋を描いているが、小さな政府に向かうには政官が聖域化しているさまざまな制度や慣行に切り込み、歳出をぎりぎりまで切り詰めることだ。公共事業、公務員人件費の圧縮、国会議員削減など来年度予算でもやる気なら実現できることはまだまだかなりある。

歳入増加策では「07年度に消費税アップ決定」は既定方針になりつつあるが、その前にやることがある。来年から所得税の定率減税を縮小することは既定方針だが、永年の課題である自営業者の所得補足対策も急務だろう。所得がガラス張り状態のサラリーマンの不公平感を放置するべきではない。

またマニフェスト（政権公約）で「特定財源を聖域なく見直す」としており、道路族の抵抗で実現できていない道路特定財源の一般財源化も先送りは許されない。

個別政策では、各種の世論調査で最も緊急度が高かった年金・医療分野の制度設計も負担問題が避けて通れない。０４年の年金改革で老後の不安を解消できたと思っている国民は少ない。年金一元化、急膨張する老人医療費の圧縮問題が急務だ。加えて、政府系金融機関の統廃合、地方に権限と財源を移す三位一体改革の達成など年末に掛けて課題は山積している。

小泉首相は道路公団改革の際などにとった官僚丸投げの手法を改め、各論にも指導性を発揮して改革の実を取るべきだ。さもないと官僚に取り込まれ看板だけの改革に終わり、いよいよ取り返しがつかなくなることを肝に銘じてほしい。

六「プラザ合意20年」問われる日本の学習効果　０５年9月21日

22日はプラザ合意20年に当たる。１９８５年のこの日にニューヨークのプラザホテルに先進5カ国蔵相らが集まり、米国の膨大な貿易赤字を是正するためにドル高是正の協調介入を決定。その後の急激な円高のきっかけとなり、やがて日本は対応のまずさでバブルとその後の長い経済閉塞《へいそく》を招くことになる。苦い歴史の出発点だ。

20年後の23日に開かれる先進7カ国財務相・中央銀行総裁会議（G7）では、日本に代わって世界の焦点になった中国の人民元の切り上げが中心議題となる。しかし各国による政策協調はこのところ影が薄く、世界経済の不均衡は当時にも増して深刻化。日本の政策対応力は20年を経ても教訓を生かしているとはいえない状況だ。

プラザ合意のきっかけとなったのは、当時のレーガン米大統領が景気回復のために大幅な減税策を採った結果、財政赤字が拡大。これが金利の上昇を招き、米国への資金流入によるドル高、さらに輸出競争力の低下による経常赤字の拡大という悪循環に陥ったことが挙げられる。

当時の米経常赤字は1千億ドルを超え国内総生産（GDP）比で約3％に達した半面、日独の経常黒字のGDP比はそれぞれ4％、3％と対照的だった。この不均衡を、米主導による為替市場での人為的調整で図ったのがプラザ合意だ。2年後に円は1ドル＝120円台と2倍近くに上昇、米国の経常赤字も80年代末にはGDP比1％台にまで縮小、狙いは成功したようにみえた。

しかし冷戦終結後の「黄金の90年代」に景気が好転し財政収支はいったん黒字化したが、2001年に就任したブッシュ大統領が大型減税を実施して再び財政赤字に転換。さらに中国からの輸入急増で経常赤字も05年は7千億ドルを突破する勢いで、「双子の赤字」は一段と深刻化している。

対外不均衡の是正は為替調整では限界があり、産業競争力の堅持と節度ある財政運営という基礎的諸条件（ファンダメンタルズ）が不可欠であるとの教訓をあらためて突きつけている。

一方、この合意が日本にもたらしたのは何か。民間企業では、円の急騰をきっかけに日本の製造業が技術力を一段と高度化させる一方で、国際競争局の弱い製品は東南アジアを中心とした海外移転が進んだ。結果的には中国や東南アジア各国との間で分業が進み、アジア経済の好調ぶりにつながっている。

その半面、円高圧力の中で経常黒字の是正を迫られた政府は、財政出動と低金利政策の両面から内需拡大策を採り続けた結果、バブル経済を生んだ。さらにバブル崩壊後の処理でも「あつものに懲りてなますを吹く」愚を犯し、バブルつぶしで急激に引き締めた金融を緩和するタイミングが遅れた分、景気の谷間を深くした。

当時は円とともにマルクも協調して買われたが、旧西ドイツが低金利政策の対外圧力には屈せず、バブルは生まなかったのとは好対照だ。

しかも当時から大きな課題になっていた規制緩和や赤字財政改革などは、税収増加などバブル景気の恩恵で先送りされ、現在の病巣の深刻化につながっている。民と比べて際立った官の失敗は、問題を先送りし責任を引き受けない現在の官僚制度に抜本的にメスを入れない限り今後も繰り返すだろう。

七　「政府系金融機関」看板だけの統廃合は駄目だ　05年10月13日

積年の懸案だった政府系8金融機関の統廃合問題は、ようやく経済財政諮問会議で本格議論に入った。11月中に結論を得て2008年度から新体制に移行する方針だ。

日本の産業や地域、暮らしの整備に一定の役割を果たしたものの、最近では肥大化した政府系金融機関に「民業圧迫」との批判が強く、ことあるごとに存廃問題が取りざたされてきた。郵貯・簡保の民営化が実現し官への資金の流れが絞られれば、この資金を原資とする政府系金融機関もスリム化されるのは当然だ。

小泉純一郎首相の「できるなら1つがいい」との発言に対して、政府系金融機関を所管する関係閣僚は早くも抵抗の姿勢をみせているが、看板を替えただけの統廃合は許されない。「官から民へ」に対する国民の圧倒的な支持を力に、今度こそは実のある結論を出してほしい。

政府系金融機関は農林漁業金融公庫、沖縄振興開発金融金庫、公営企業金融公庫といった特定業種や地域向けに特化したものや、中小企業向けの国民生活金融公庫、中小企業金融公庫、商工組合中央金庫、公益性の強いプロジェクトなどを手掛ける日本政策投資銀行、海外業務専門の国際協力銀行とさまざまな役割を持つ。

郵貯や簡保で集めた資金を財投機関債を発行する形でこれらの8機関が調達し、金利や貸出期間など民間金融機関より有利な条件で貸し出している。

融資規模は８機関合計で約90兆円。国内総生産（ＧＤＰ）比で19％と米、英、仏の政府系金融機関のＧＤＰ比が５～８％台である点からすると肥大化は明らかだ。８機関の統廃合で融資規模をＧＤＰ比で半減させることが今回の改革の狙いだ。

政府は０２年にもこうした基本方針を決めたが、不良債権処理に追われる民間金融機関の貸し渋り対策として、政府系の政策融資が見直され議論が一時凍結された経緯がある。

この間民間では融資しにくい分野に貸し出す役割を負わされ業績も軒並み悪化。不良債権もこの３月期決算で約８兆円に達する規模に膨らみ、このままでは新たな国民負担増につながりかねない。不良債権処理にめどがついた現在、政府系金融機関の役割を見直し、重複する機能を一本化する環境がようやく整ったといえる。

問題は８機関の統廃合をどういう基準で進めるかだ。まずはそれぞれの業務分野が政府系でしかできないのか、民間金融機関でも対応できるのか十分吟味した上で民間でも可能な分野から撤退すること。その上で８機関を機能別に再編するのが不可欠だ。

その際ネックとなりそうなのは、それぞれＯＢが天下っている所管各省の抵抗だ。８機関の役員計84人のうち天下りは半数近くに達し、トップは財務省ＯＢが３つ、経産、農水ＯＢが各一つを占める。統廃合となると天下り先が減ることになるため、早くも水面下では統廃合の案を練る経済財政諮問会議のメンバーに対する説明攻勢が強まっている。

首相が打ち上げた一本化構想も、仮に一つの持ち株会社を設立しその傘下に現在の８機関をぶら下げるような統廃合では、実質何も変わったことにはならない。数合わせだけの統廃合は絶対避けなければならない。

八 「ＧＤＰ速報」景気底堅いが油断禁物　０５年11月11日

７～９月期の国内総生産（ＧＤＰ）速報は実質で前期比０・４％増、年率換算１・７％増となった。４～６月期が大幅増だったための反動で成長は鈍化したものの、４・４半期連続の増加。個人消費と民間設備投資が引き続き堅調に推移、内需中心の底堅い景気拡大が続いていることがはっきりした。

日銀は現在の拡大テンポが続けば来春にもデフレ脱却宣言に踏み切る構えだ。これを先取りする形で株式市場は１９８０年代後半のバブル期を上回る大商いが続いている。確かにバブル崩壊後３度目の景気回復局面の中では、需要項目の各部門が相互に刺激し合う息の長い好循環に入ってはいる。しかし先行き増税路線による消費マインドへの影響など失速の懸念材料にも事欠かない。油断は禁物だ。

今回の力強い景気回復を引っ張っているのは、９月中間決算でも大幅な業績改善が相次いでいる企業部門だ。バブル後に債務、設備、雇用のスリム化を進めた結果、損益分岐点が大幅に改善され、少しの売り上げ増でも利益が出やすくなっている。

このため米中など海外経済の成長を背景にした好調な輸出に企業業績がけん引され、これが設備投資に回る一方、家計所得の増加にも波及し、個人消費を刺激している。

7～9月期の各需要項目でも輸出は2・7％増と堅調を持続、設備投資も6期連続のプラス。GDPの5割を超える個人消費は0・3％の伸び。企業の雇用が増加していることに加えて、今年冬のボーナスも2年連続のプラス見込みで家計所得は徐々に改善している。

しかし懸念材料もある。第1に輸出を支える米中の経済動向だ。米国経済へのハリケーン被害の影響は限定的とみられるが、住宅バブルに対応して金融を引き締め気味に運営している。市場との対話を通じて慎重な金融政策運営をしてきたグリーンスパン連邦準備制度理事会（FRB）議長に代わってバーナンキ氏が指揮を執る年明け以降、インフレ懸念が台頭するようだと景気にもブレーキがかかり、日本からの輸出にも影響が出かねない。

引き続き9％の高度成長路線を走る中国は、次第に成長の負の遺産が膨らみつつある。北京や上海など大都市圏では不動産バブル崩壊の懸念がささやかれている。原油高に伴い石油製品への価格転嫁がなされればインフレにつながりかねない。

世界の工場、市場へと成長した中国が抱えるこうした不安が顕在化すれば、相互依存関係が強まっている日本経済を直撃するのは必至だ。

懸念は輸出環境の不安定さだけではない。足元で議論が本格化している増税路線も、景気を失速させかねない大きな要因となる。2、3年先の消費税引き上げは避けられない情勢だが、その前にも増税路線は既成事実化しつつある。

2006年には所得税と個人住民税の定率減税分の半額が廃止となり、残りの半額も07年から廃止の方針が決定される見通しだ。このほか社会保障費の国民負担増加分も見込まれ、06年の家計負担は3兆円増になるとの試算もある。これがせっかく上向いてきた消費マインドに水を差すことにならないか。財政のつじつま合わせだけで、景気の腰を折るようなことになってはいけない。

九　「政府系金融機関統廃合」スリム化はまだ終わらない　05年11月29日

政府は29日の経済財政諮問会議で、政府系金融機関の統廃合に関する基本方針を決定した。主な柱は（1）8つの機関のうち国民生活、中小企業、農林漁業、沖縄振興開発の4金融公庫と、国際協力銀行の海外資源開発など国策業務を1機関に統合する（2）国際協力銀行は解体し、円借款などの対外協力業務の扱いは今後検討する（3）日本政策投資銀行と商工組合中央金庫は将来完全民営化し、公営企業金融公庫は廃止する―との内容だ。

所管各省の省益が絡むため官の抵抗が強かったが、自民党を圧勝に導いた小泉純一郎首相の「できれば１つがいい」との鶴の一声でこれを抑え込み、１機関への統合が実現した。しかも所管省からの天下りは禁止し、融資残高は２００８年度の統合後に、現在の90兆円を半減するとの目標が達成される。

政府系金融機関のスリム化はこれまでも必要性が指摘されながらも実現できなかっただけに、１機関化への統合を実現させた政治力は画期的なことといっていいだろう。

とはいえ、今回の決定を小泉首相の政治的パフォーマンスに終わらせず、内実を伴う改革にするためにはまだまだ課題が山積している。

国際協力銀行の政府開発援助（ＯＤＡ）など海外協力業務機能をどういう組織にするのかについては、持ち越しとなった。国際協力機構（ＪＩＣＡ）との統合など多角的に検討して０５年度中に結論を出すとしているが、財務省と外務省の省益に絡ませずに対外経済戦略上ベストの組織を立ち上げてほしい。

民営化される政投銀と商工中金は数年後にそれぞれ完全民営化されることが決まった。といっても、政府出資が入るのか入らないのか肝心の部分は玉虫色のまま先送りとなった。仮に政府出資や何らかの政府保証が残れば、それだけ資金調達、貸し出し両面で他の民間金融機関に比べて有利な条件となり、民業圧迫となりかねない。１００パーセント民間出資は譲れない条件だ。

さらに政府系機関の1機関化を実現しても、これまでの機関をただ一つに束ねただけでは実質的なスリム化にはならない。現に日本開発銀行と北海道東北開発公庫を統合してできた政投銀や、日本輸出入銀行と海外経済協力基金を統合した国際協力銀は、人員削減や組織・業務の一体化などのスリム化は民間金融機関に比べると進展していないのが実情だ。民業の補完に徹するために新機関の組織のスリム化が不可欠なのはいうまでもない。

また公的部門の資金の流れを絞るには、実は８つの政府系金融機関の統廃合だけでは片づかない問題が残されている。今回対象となった８機関以外に各省庁が所管する独立行政法人などの60を超える公的機関の融資、債務保証、出資金などの総計は１３５兆円超に上っている。あらためて政策金融の肥大化が問われている。

今回対象になった８機関とこれらの機関とでは業務の規模の違いがあるにせよ、公的部門の資金であることに変わりはない。本来これら60超の機関の政策金融についても民間に任せることが可能かどうかを吟味するべきだ。この日決まった基本方針でもこの点を意識し、０６年度中に見直すとしているが、８機関の統廃合の道筋を付けた後は、速やかにこの問題の検討に着手するべきだ。

十　「株式大量発注ミス」東証システムの抜本改革を　０５年12月13日

みずほ証券が株価と株数を逆にして注文を出したジェイコム株大量発注ミス問題は、誤った発注を取り消せなかった東証のシステムに問題があることが明らかになった。東証では11月にもシステム障害が生じ、全銘柄の取引がストップされたばかりだ。

日本経済の中枢である株式市場の開設責任者として、危機管理の欠如は目を覆うばかりだ。あきれてものが言えないというのはこういうことを指すのだろう。東証の鶴島琢夫社長の辞任は当然だが、地に落ちた信頼を回復するには東証システムを早急に抜本改善するしかない。

今回の誤発注問題は、ささいなミスが発端だ。みずほ証券が8日に、東証マザーズ市場に新規上場したジェイコム株を「61万円で1株売り」とすべきところを担当者が誤って「1円で61万株」と注文を出したことだ。こうした誤った注文を出すこと自体、証券マンのプロとして恥ずかしいことだが、間違いは人間である以上避けられないことでもある。

問題は、みずほ証券が注文の誤りに気が付き、取り消し注文を出したが、東証のシステムが受け付けず、値幅制限の下限である57万2千円と読み込んで売買が成立したことだ。東証は直後に「みずほが取り消しの手順を誤った」ことが原因と説明していたが、11日の記者会見で「注文を取り消せなかったのは東証のシステムの不具合が原因」と過失を認めた。

東証のシステムは11月1日にも障害が発生、3時間にわたって全銘柄の取引が停止する事態に陥ったばかり。株式売買を管理するプログラム設計のミスが原因とみられ、対応に乗り出した矢先のミスの連鎖だ。

東証がまず対応すべきなのは、誤発注に伴う損失負担の後始末だ。株取引の決済を担当する日本証券クリアリング機構は、みずほ証券が発行済み株式の42倍に当たる大量の株式を売り注文したため、同証券が買い戻せなかった9万6千株を現金で買い手に支払う強制決済に踏み切ることを決めた。これに伴い同証券の損失は400億円に膨らむ。

しかし東証が誤発注を取り消せなかったシステム上の欠陥を認めたことから、同証券が被る損失の一部肩代わりを求められるだろう。東証がずさんな危機管理のツケを払うのは当然のことだ。

損失負担の後始末と同時に早急な是正策が迫られるのがシステム設計の問題だ。常識では出るはずのない「1円の売り」注文が出る可能性もあるのだ。

瞬時に膨大な額のマネーが行き来する株式市場のシステムは、そうした人的ミスも想定内として、これを異常と識別し、対応する設計が求められる。

11月のシステム障害の原因としては、そもそもプログラムソフトのバックアップが備わっていなかったことや、10月に実施したシステム増強の際のテストが不十分だったことが挙げられている。2度のミスで共通して露呈したのは、システム投資を安上がりにして済まそうとした効率優先の発想だ。

あらゆる事態を想定内にした精密なシステムを立ち上げようとすれば、その分費用も膨らむのは当然だろう。しかし費用を惜しんでいては、金融市場の根幹のインフラである株式市場が、取り返しのつかない事態に陥りかねないことを深刻に認識するべきだ。

十一　「与党税制改正大綱」増税で小さな政府とは　05年12月15日

与党の2006年度税制改正大綱がまとまった。消費税論議が正念場となる来年を前に、今回は比較的小ぶりな改正に終わったものの、所得税などの定率減税分が廃止となることに加えて土壇場で、麦芽を使わない「第3のビール」やたばこの増税が駆け込み決定され、家計にかなりの負担増を強いる内容となった。

その一方、05年度で期限切れとなる情報技術（IT）減税が規模を縮小して盛り込まれるなど企業に手厚い対応は相変わらずだ。

道路特定財源の一般財源化も具体策の議論は06年度とし、事実上、小泉純一郎首相の退陣後に先送りされる。税制改正に見る限り、小さな政府に向けた改革が進んだとは到底いえない。

所得税と個人住民税の定率減税は1999年に導入された。景気が回復基調に入ったとして昨年度の税制改正で2006年から減税分の半額が削減されることになり、今回全廃が決まった。これにより夫婦と子供2人の年収700万円のサラリーマン世帯で、8万2千円の負担増となる計算だ。しかし大綱は同時に「その時々の経済状況に機動的・弾力的に対応する」と、景気情勢に応じて廃止時期を見直す弾力条項を明記した。

景気が回復しつつあった1997年春、消費税のアップと社会保障費の負担増を合わせて総額9兆円の国民負担増を行ったことがその後の景気失速を招く要因になった教訓を生かすためには当然の措置だ。

しかし景気回復を理由に個人に負担増を求める一方で、企業には減税を続けるのは筋が通らない。政府税調答申は2005年度で期限切れとなる5千億円のIT投資促進税制は廃止を明記したが、今回の大綱は事実上、減税規模を1千億円に縮小して継続するとした。与党の姿勢が家計より企業寄りとみられても仕方がないだろう。

今回の改正で焦点の一つだった道路特定財源の見直しについては、一般財源として活用するとの基本方向に基づくとしたものの、一般財源化する財源の範囲や額などの具体的議論は来年度に見送られた。

道路財源は自動車重量税や揮発油税など道路整備に充てる税で国と地方合わせて5兆7千億円。これまで族議員が「指1本触れさせない」と言っていた道路特定財源の見直しに小泉首相は意欲を示していたが、来年度の論議を踏まえた具体策の実施は5千億円規模の余剰が生じる07年度以降に持ち越した。首相退陣後、一般財源化が骨抜きにならないように監視すべきだ。

ビール業界の税負担軽減を狙った新製品開発と税務当局の課税強化でいたちごっこになっている酒税改革では、現在10に分類されている酒類を4種類に簡素化し、第3のビールはビールや発泡酒とともに発泡酒系飲料に分類して税率を適用することにした。

焦点だった第3のビールやワインは増税、清酒やウイスキーは減税となったが、小幅の増減税で税率格差を縮小した。

たばこも1本1円の値上げとなった。公明党が強く主張していた児童手当拡充の財源として、世間の風当たりの強いたばこが狙われたのが真相だ。児童手当は少子化対策として同党主導で導入されたが、効果のほどは甚だ疑問だ。小さな政府の掛け声とは裏腹に従来型のばらまき対策がまかり通り、その財源がたばこ増税ではあまりに安易過ぎる。

十二「堀江容疑者起訴」証券監視委の能力向上を　06年2月13日

ライブドア前社長の堀江貴文容疑者が13日、証券取引法違反（偽計取引、風説の流布）の罪で起訴された。株式市場のすき間を狙って、新興ベンチャーの旗手が手を染めた犯罪が浮き彫りになった。東京地検は近く粉飾決算の疑いでも再逮捕する方針で、東証は22万人の株主を有するライブドアの上場廃止手続きに入る。

家宅捜索から約1カ月。直後に大量の売りが出て動揺した市場には活況が戻っているが、市場周辺からは「規制緩和された市場の盲点をついた新たな犯罪が、この時点でも進行しているかもしれない」との声も聞かれる。自由化が先行して、公正さのチェックが甘かった証券取引等監視委員会の機能強化、能力向上が、今こそ急務だ。

まずライブドアの錬金術で目を付けられた〝制度の穴〟を埋めることだ。その一つが株式を自由に分割できる制度。株価を下げて一般投資家が取得しやすいようにするのが目的なのに、ライブドアは分割を繰り返し、新しい株券を受け渡すまでの期間に株式が品薄となるのを悪用。株価上昇につながる華やかな話題を間断なく流し、急騰した時点で売り抜けて大もうけした。今年に入って新株の売買は分割基準日の翌日からできるように改められた。株式分割も取引所の要請という形で、取りあえず5分割までの自粛ルールができた。

1990年代の金融ビッグバンで事前規制型から原則自由となった金融・資本市場は、事後監視型に移行している。自由化された市場の盲点をつく犯罪が起きた以上は、現在の証券取引法で最高懲役5年以下とされている罰則の強化も不可欠だ。

証券監視委を金融庁の傘下から切り離し、米国の証券取引委員会（SEC）のような、独立した組織に強化する構想も浮上しているが、金融庁との連携体制が損なわれ、かえって孤立化しかねないことや、現在約550人の監視委を米国のSEC（約3870人）並みに増員することは行政のスリム化の観点からも現実的ではない。

むしろ重要なのは検察と協力して市場の監視や犯罪調査に当たる特別調査課（約100人）の強化だ。市場絡みの犯罪は、金融技術を駆使した複雑、高度化したものになっている。監視委も弁護士や財務、金融、証券のプロなどを採用して対応しているが、一層の人材確保が必要だろう。

さらに、今回の事件が突きつけたのは、監視体制の強化という制度の課題にとどまらない。むしろ堀江被告が「お金で買えない物はない」とうそぶいたように拝金主義が根深く浸透した日本社会の現実だ。

企業価値は株式の時価総額として時価総額1兆円を目指し、その絶頂で転落した堀江被告。彼に閉《へい》塞《そく》した時代の突破の夢を託し、うさんくささを感じながらも引きつけられた個人マネー。お金が社会の価値観の根源にある限り、「お金をもうけることは資本主義では当たり前」というイデオロギーの疾走はやむことはあるまい。

十三「過剰雇用607万人」成長戦略が描けていない　09年7月28日12:41:13

2009年度の経済財政白書は、リーマンショックの直撃を受けた日本経済の現状分析を中心テーマに取り上げた。現在、同時不況に陥っている世界各国と比べても、日本は急激で深い景気後退に直面したと分析。その影響で表面化した雇用危機と、非正規雇用にしわ寄せされる形での格差拡大に大きな焦点を当てたのが特徴だ。

危機対応で企業は雇用調整を急速に進めたものの、なお企業内失業（過剰雇用）は607万人に達すると推計。一方で、格差拡大の深刻さに初めて触れて「非正規雇用が所得格差拡大の主因」と指摘した。しかし危機の現状分析に比べて、その克服策を「外需と内需の双発エンジンによる景気回復が望ましい」と指摘するのにとどめたのは、いかにも踏み込み不足の感が否めない。

白書の論点の一つである過剰雇用問題は、世界同時不況で自動車や電機などの輸出産業がかつてないほどの急激な減産を余儀なくされた結果であり、しばらく深刻な調整が続くのは不可避だ。リーマンショック以前には4%台だった完全失業率は5%台に乗っている。今後景気が「2番底」に陥るようだと、企業が607万人もの過剰雇用を抱えきれない事態にもなりかねない。幸い景気はこの春以降回復の兆しが出始めた。中国など新興国の経済回復で日本の輸出が持ち直しつつあることが要因だが、今後安定的な回復軌道に乗せるには環境重視など自前の成長戦略を掲げるべきだ。

1990年代のバブル後遺症の際に抱えた過剰雇用が359万人だったことと比較しても今回の雇用問題は深刻だ。成長戦略は白書には描けていないが、総選挙後の政権が優先して取り組むべき課題の一つであるのは明白だ。

もう一つの論点である所得格差の実態を白書が取り上げたのは評価するが、3年前の国会質疑の際に政府は「見かけ上の問題」と格差拡大を否定した経緯がある。遅すぎた実態追認といえる。格差拡大の主因として挙げた非正規雇用は、女性や高齢者の受け皿になっていると前向きに評価する半面、正規と非正規の雇用とでは生涯所得に2・5倍の格差が出るとし、格差の固定化や消費マインドへの悪影響を指摘。しかし雇用制度見直し論議は避け「景気回復こそが最大の格差対策」としたのは突っ込み不足だ。

今回の深刻な不況で得たものがあるとすれば、「企業本位に過ぎた労働市場の規制緩和は総体としての国力の衰退につながりかねない」との教訓ではないか。総選挙後の経済政策は今回の不況の教訓を踏まえたものを期待したい。

十四　「GDPプラス転換」安心するのはまだ早い　09年8月18日

2009年4〜6月期国内総生産（GDP）の実質成長率が前期比0・9％増（年率換算3・7％増）となった。プラス成長は昨年1〜3月以来5四半期ぶり。しかもリーマンショック以来3・5％減（08年10〜12月期）、3・1％減（09年1〜3月期）と2期続いた大幅マイナスからの転換で、景気は底を打ち最悪期を脱したと言える。しかし先行きを楽観するのは時期尚早だ。

プラス転換したとはいえ、大きく落ち込んだ前期の反動増であり、水準自体は同ショック前より7％程度低い。

さらに回復の主因である中国経済の持続力が不透明だし、3期ぶりにプラスとなった個人消費も財政に支えられた一時的な側面が強い。失業率も当分悪化が続く見通しなど先行き不安材料に事欠かない。

今回の回復の危うさは、ＧＤＰの各需要項目に表れている。輸出が６・３％の大幅増になったのは、大型景気対策を打った中国はじめ東南アジア経済の急回復が大きく寄与。これに伴い前期までの急激な輸出落ち込みを大幅減産で対応した企業活動は、在庫調整が一巡し生産が持ち直した。しかし米国の消費バブルの崩壊が世界同時不況の背景にあるため、リーマンショック以前の水準に輸出が戻るのは当分先の話だ。

欧米経済が停滞から抜け出せない中で、中国が世界経済のエンジン役を担っているものの、一部に再過熱感も出始めている。回復の行方は、インフレ抑制など難しい政策運営を迫られている中国当局の掌中にあるといっても過言でない。

緊急経済対策による政策効果も下支え要因となった。定額給付金やエコカー減税、エコポイント制の導入などで、個人消費が０・８％増加。公共投資も８・１％の大幅増となった。しかし財政赤字が限界に達している中で、これ以上財政依存による景気下支えを継続すれば、市場で日本売りが起きかねない。

景気の先行きを占う企業の設備投資は４・３％減と５期連続のマイナス。０９年度の設備投資計画も過去最大の減少との見通しが大勢で、今度の景気の底離れが容易ではないことをうかがわせている。

底打ちした景気を着実な回復軌道に乗せるには、内需面での成長戦略が不可欠だ。成長分野への企業力を高めることと合わせ、ＧＤＰの６割を占める個人消費の動向が大きな鍵を握る。家計と地域がないがしろにされ、ここ数年力強さを失っている消費力を復活させるには、政府が財政再建を踏まえつつ家計と地域への再分配強化を図るべきだ。企業にも、内部留保に腐心するあまり圧縮を続けた労働分配率の向上を強く求めたい。

第二章

民主党政権 ちぐはぐさの果てに

一　「第3回金融サミット」新首相は臆せず語れ　09年9月18日

20カ国・地域（G20）首脳会合（金融サミット）が24、25の両日、米国・ピッツバーグで開催される。世界経済危機の克服に向けて昨年11月にワシントンで開いて以来、4月のロンドンに続き今回が3回目となる。リーマンショックから1年が過ぎ、景気が最悪期を脱した中で迎えるが、これまでの議論を踏まえ金融規制などを具体化する節目の会議だ。

日本からは、新自由主義を批判、生活第1を掲げて政権交代を実現した鳩山由紀夫新首相がデビューする。野放しの市場主義の反省を踏まえた新しい世界経済秩序構築へ、臆することなく明確なメッセージを発信してほしい。

会議の注目点は3つある。第1は金融に対する規制の在り方だ。「行き過ぎた金融自由化が今回の世界危機の要因」として、当初から問題意識の中心にあった金融規制の具体策をどうするか。サミット前のG20財務相・中央銀行総裁会議では、金融機関の高額報酬の制限を打ち出した。短期の利益追求に走り金融混乱をもたらした強欲資本主義の象徴だけに、サミットでは明確な報酬規制の方法を示すべきだ。

金融機関の健全性を担保する自己資本の規制強化策も焦点だ。今回の危機で金融システムがまひした欧米が提案した案だが、自己資本の定義によっては日本の金融機関は新たな増資か貸し出し抑制を迫られる。外堀は埋められた感があるが、日本の交渉力が問われている。

しかし金融危機を未然に防ぐ規制策こそが最重要だ。その決め手はハイリスク債権を盛り込んだ証券化商品をめぐる規制強化だが、議論は遅れている。具体策を早急に詰めるべきだ。

第2の注目点は、危機対応のため各国がとった異例の緊急財政・金融政策を平時に戻す「出口戦略」の議論だ。最悪期を抜け出たとはいえ、政策出動なしには景気は息切れし、デフレ圧力が強まる。サミットでは雇用情勢が改善し、景気が確実に回復するまで刺激策を継続することで合意する見通しだ。とはいえ膨大な財政出動と低金利政策の継続は、先行きインフレのリスクを蓄積させる。世界規模でかつてない難しい局面に接近していることを、首脳たちは十分認識するべきだ。

こうした難局の中でサミット初参加の鳩山首相がどういう発言をするのか。これが3番目の注目点だ。先進国の中でいち早く景気底打ち宣言をしたものの、各国と比較して群を抜いた借金を抱える日本。世界2番目の経済大国ながら、深刻化した生活格差。新政権の政策は、世界経済の方向と日本の再生とをどのように折り合いを付けようとするのか、その意気込みを示すいい機会だ。

二　「温暖化新中期目標」政治主導はこれからだ　09年9月30日

鳩山由紀夫首相は国連の気候変動サミットで、温室効果ガスを2020年までに1990年比25％

削減する日本の新中期目標を表明した。

気候変動に関する政府間パネル（ＩＰＣＣ）が掲げた削減目標に沿った宣言ともいえるが、麻生太郎前首相が決めた０５年比15％（９０年比８％）を大幅に上回る野心的な国際公約になった。

対外的な高い評価に気をよくして、首相は「日本が変わったとのメッセージが伝わった」と受け止めたが、日本が変わるために重い課題を背負ったとみるのが正確だろう。

年末にかけての国連気候変動枠組み条約締約国会議（ＣＯＰ15）での合意に向け、産業界や家庭など大幅な負担増となる国内の合意形成、米中など主要排出国を含めた目標合意など高いハードルが立ちはだかる。

日本にチェンジが実現できるのか、内外の課題に対し真の政治主導を発揮するのはこれからだ。

ＣＯＰ15では50年の世界全体の長期目標とともに先進国の中期目標の合意が焦点になる。麻生前首相が掲げた削減幅は内外とも芳しい評価は得られなかったが、太陽光発電の導入を倍増し、新車の半分をエコカーにするなど、現実的な努力目標ともいえた。しかも国際交渉の成り行き次第では、排出量買い取りなどによる削減幅の加算も想定した。

鳩山首相が宣言した新目標が従来目標を超えて削減数値を大幅に上積みしたことに対し、経済産業省などからは（１）負担は数倍に増えるのに実現までの具体的道筋が不透明（２）ＣＯＰ15前に手の内のカードを見せてしまった、との疑問が出ている。まさにこのことが、積み上げ方式の官僚主導から、政治的意思を前面に掲げるやり方に政策決定の方法論が変わった証しだろう。

しかし政治主導はもちろん、ゴールを示しただけで済むものではない。新目標による負担増加分や実現までのエコ戦略を具体的に示すことが不可欠だ。

その上で排出削減のコストが最も大きい産業界や家計に負担増の覚悟を迫り、国民的合意を取り付ける責任がある。

国際的にも重い課題を担うことになる。日本の新目標は「主要排出国の参加による目標合意が前提」と首相は強調した。しかしこの発言に、削減義務を負うことに消極的な中国、インドや、野心的な目標設定に踏み込めていない米国に前進がなければ日本の目標を取り下げる、という意味を込める状況にはない。

その解釈を受け入れるほど地球環境の現状に余裕はない。日本は本格交渉を前にカードを切った以上、主要排出国が足並みをそろえるよう積極的に主導する責任も伴う。

三　「政策点検」ちぐはぐさの修正を急げ　０９年11月2日

鳩山新政権の政策にちぐはぐさが目立ってきた。官僚依存や天下りをやめ、税金の無駄削減を掲げる基本路線に沿って、ダム建設や空港整備などコンクリートから人へ比重を移す予算編成に着手、自民党政治との決別が鮮明になっている。

しかし、その一方で、郵政民営化見直しでは、民間出身の西川善文前社長の後任に斎藤次郎元大蔵事務次官を起用した。政治主導の予算編成もマニフェスト（政権公約）優先の膨張要求に歯止めがかからず赤字国債の増発が必至の状況だ。

手法も方向も従来と異なる新政策が、多少ぶれながら目標に向かうのはやむを得まい。しかし、最優先の郵政民営化見直しや無駄削減を掲げる予算編成作業がどこに向かうのか肝心な点で首相の言動はあいまいだ。

郵政民営化見直しは、小泉民営化で低下した地域の利便性改善が急務だ。その際民営化の根幹は堅持しつつ地方の利便性向上に応えるのが筋だが、「民から官へ」の逆流が進むのではとの懸念も強い。新しい副社長２人は官僚出身だ。

民主党が見直しの方向を明示しないまま、亀井静香郵政改革担当相と斎藤新社長に今後のかじ取りを丸投げしたのは納得できない。また日銀総裁人事で民主党が拒んだ財務官僚出身の起用を、首相が亀井担当相からの電話だけで決断したのも不可解だ。

国会の代表質問では「斎藤氏は退官後14年が過ぎた」「日銀人事は独立性を考慮した」と答弁したがこれでは国民の納得が得られまい。

首相は予算委員会などで（1）郵政民営化をなぜ、どのように見直すのか（2）今回の社長人事と官僚依存からの脱却との整合性（３）日銀総裁人事と今回の人事の違い―を丁寧に説明するべきだ。

経済政策の根幹である予算編成作業にも、ちぐはぐさがつきまとう。２００９年度補正予算は執行機関から「使途が見当たらないほどのお金が来た」との悲鳴が上がったほどだから、３兆円近い執行停止は当然の措置だ。問題は、税収の落ち込みが大幅で０９年度の国債発行が50兆円超（当初予算では33兆円）に急膨張する点だ。しかも１０年度予算はマニフェストを反映し過去最大の95兆円の概算要求がベースとなり、国債発行の歯止めが失われつつある。

借金による公約実現は次世代につけを回すだけだ。無駄の削減に逆行する財政規律の緩みに、友愛路線の首相もさすがに「マニフェストよりも国債をこれ以上発行してはいけないと国民の意思が伝えられたら、そういう方向もある」と修正した。国民の期待が不信に変わらないうちに、首相はあいまいな言葉の上滑りを戒め、政策の方向性を明確に示す責任がある。

四　「来年度予算案」財政破綻の危機感ない　０９年12月28日

コンクリートから人への鳩山政権の理念は、２０１０年度予算案で実現に一歩踏み出した。子ども手当創設に代表される社会保障費は９・８％増の半面、公共事業費は18％減。政権交代を選択した国民の願いに沿った内容ではある。

しかし民主党を選んだ多くの国民は同時に、自民党のばらまき政治による財政破綻《はたん》の危機感から無駄の削減を求めたのではなかったのか。民主党も当初、マニフェスト（政権公約）は予算の無駄削減で実行できると豪語していたが、出来上がった予算案を見る限り危機感は感じられない。

一般会計総額約92兆円、政策的経費である一般歳出53兆円といずれも過去最大に膨れ上がった。緊急経済対策という増加要因を差し引いても、無駄のカットや予算組み替えでマニフェスト財源に、との狙いからは程遠い。

しかも歳入面では、税収見込みが未曾有の不況のあおりで37兆円台と１９８０年代半ばの水準に落ち込む。このため、財政投融資特別会計など埋蔵金を当てにした税外収入10兆円を繰り入れても、なお44兆円と当初予算で過去最大の国債発行を余儀なくされた。戦後初めて国債発行額が税収を上回るなど異例ずくめの予算だ。

この結果、国の債務残高は６３７兆円と国内総生産（ＧＤＰ）比１３０％台となる。欧州連合（ＥＵ）加盟の債務残高基準はＧＤＰの60％以下で、27カ国がこれをクリアして加盟している。これと比べても日本の深刻さが浮き彫りになる。

さらに１１年度以降の予算を展望すると、子ども手当が月2万6千円と2倍に膨らむなどマニフェストの歳出増要因が恒久化する一方、歳入面では１０年度予算案のように一時的埋蔵金に頼ることはできなくなる。このままでは財政破綻は不可避だ。

現政権に危機意識が十分にあるのか疑わしい。予算の帳尻合わせのために民主党が決断したガソリン税などの暫定税率継続に対し、首相は「暫定税率廃止は国民に対する誓いだ」と一時難色を示した。予算編成の土壇場では突然2兆円の別枠増額を指示、藤井裕久財務相もあっさり受け入れた。「マニフェストも財政規律も」との鳩山路線の継続は結局、財政破綻を招き、後世に大きなつけを残すことになるだけだ。各方面にいい顔をしたがる首相の八方美人ぶりが財政面でも信認を失いかねない。

今優先すべきことは、後世代に負担のしわ寄せをしないようにマニフェストを修正し、国民に我慢を要請する覚悟だ。同時に、時間的な制約から無駄の削減が期待外れに終わった事業仕分けにより、11年度からは事業の根幹にある制度の当否まで徹底して切り込むことである。

五　「金融規制」ボルカー・ルールを生かせ　10年3月11日

リーマンショックの再発防止を図る金融規制論議が本格化してきた。きっかけは米政府が打ち出した金融機関の抜本見直しを柱とした規制案「ボルカー・ルール」だ。これに対し経済活力を奪うと米金融界が猛反発、日欧でも慎重論が強まっている。しかし米国発の金融破綻《はたん》が世界経済になお大きな後遺症を与えている現状をみると、ボルカー・ルールの実現に期待したい。

この規制案は剛腕でならした元米連邦準備制度理事会議長で現在、経済再生諮問会議議長のボルカー氏が中心となってまとめ、オバマ大統領が1月末の議会で発表した。商業銀行によるヘッジファンド所有の禁止、自己勘定による高リスク投資の制限、投資銀行の借入金の上限設定などの内容で、長年推進されてきた金融自由化の大転換を意味する。

リーマンショック以降の金融規制論議は、自己資本の強化策など自由化の枠組みが前提だったが、ボルカー・ルールは金融バブルを世界にまき散らした銀行の事業内容そのものを見直す規制案だ。

それだけに自由化で大きな恩恵を受けてきた米金融界の衝撃は大きい。「規制は信用収縮を招き新たな成長分野に資金が回らなくなる」「中間選挙を意識した人気取り政策」などと反発が強い。欧州連合（ＥＵ）もサルコジ仏大統領の賛成はあったが、金融界は反対の大合唱だ。今後米議会などで本格論議されるが、現時点では金融界の反発を背景に実現までには相当曲折がありそうだ。

しかし、１９２９年の世界恐慌を教訓に証券（投資銀行）と金融（商業銀行）に壁をつくった米グラス・スティーガル法が９９年に廃止されたあたりから、実体経済に奉仕するはずのマネーが、目先の利益を追って暴走する事態を招いたのではなかったか。その結果が富の格差の広がり、バブル破綻による世界の惨状である。

リーマンショック以降の世界は、新たに２６００万人もの失業者を生み、主要国による緊急財政支出は５００兆円に達する。それでいて、多くの金融機関が救済され、今また高額報酬の復活では道理に反する。

ボルカー・ルールは、金融を事実上グラス・スティーガル法の世界に戻すことになる。行き過ぎた投機、マネーの暴走に歯止めをかける一方、貧困地域のインフラ整備や成長分野への投資など実体経済への貢献役としての本来の金融機能復活に狙いがある。むしろ出番が遅すぎたぐらいだ。選挙対策の思惑も絡むオバマ大統領でなくても「単純で常識的な改革」といえる。取り返しのつかない津波を起こさないためにも、ボルカー・ルールは生かすべきだ。

六 「財政運営戦略」健全化は不退転覚悟で　10年6月24日

リーマンショックで深手を負い、先進国中で最悪の状態にある財政を立て直すための「財政運営戦略」がまとまった。

経済危機にめどを付けた先進各国が次の一手である財政再建目標を次々に掲げる中で出遅れていた日本だが、主要20カ国・地域（G20）首脳会合（金融サミット）前に何とか間に合わせることができた。国の基盤的政策である財政健全化が損なわれるとどうなるか。ギリシャの教訓が目の前にあるだけに、健全化の具体的目標を示したことは一応評価したい。

民主党政権で初めてまとめた今回の目標は、2011年度から3カ年の中期財政フレームとして（1）国債費などを除く一般会計歳出を10年度の71兆円以内（2）11年度の国債発行は10年度の44兆円以内―との内容だ。

さらに、今後10年間の目標として、15年度までに基礎的財政収支の赤字（10年度約30兆円）を半減、20年度までに黒字化し、それ以降債務残高を減らしていく、としている。

中期フレームの達成はともかく、債務残高が862兆円、GDP比で180％と、主要先進国が60～80％程度なのに対し、飛び抜けて深刻な財政事情では、目標達成には不退転の覚悟がいる。

財政再建目標は、長く続いた自民党政権下でも幾度となく打ち出され、11年度をめどに基礎的財政収支を黒字化する直近の目標はリーマンショックで吹き飛んだ。

しかし問題なのは、それ以前でも赤字の累積に歯止めがかからなかったことだ。債務残高の推移を見ても、主要先進国は増減の凸凹が見られ、政治の意志が感じられるのに対し、日本だけがほぼ一貫して増加している。財政の劣化に対し政治があまりにも無頓着だった証左だ。

税収の伸びが見込めない低成長時代でも、不況下には国債発行で景気を下支え、好況で税収が増えると借金返済よりも減税などの大盤振る舞い。鳩山政権でもばらまき体質は続いた。借金財政の危険性が国民に十分浸透していたともいえない。

しかし財政破綻《はたん》に直面したギリシャの国債暴落が、明らかに日本の空気を一変させた。ギリシャでも債務残高のGDP比は130％台で、日本よりもはるかに軽度だ。日本国債は暴落の危険水域、つまり財政健全化の先送りは不可能な地点に来ていることを直視すべきだ。

今後この戦略目標に向かい具体的道筋を付ける力仕事が控えている。消費税増税は避けられないにせよ、生活必需品に対する軽減税率適用、所得税の累進強化、納税番号による税の十分な補足など税制の抜本改革が不可欠だ。もちろん歳出削減の継続がその前提となることは言うまでもない。

七　「概算要求基準」辛うじてたがはまった　10年7月28日

民主党政権下で2度目となる2011年度予算編成作業がスタートした。強い財政を掲げて発足した菅直人政権が直後の参院選で大敗し求心力が危ぶまれたが、27日に閣議決定した概算要求基準は、1兆円超の特別枠を設定する代わりに本年度比一律1割削減を定め、入り口で辛うじて膨張に歯止めをかけた。

概算要求基準すら策定せず迷走した政権交代後初の10年度編成作業に比べると一歩前進だが、本番はこれからだ。強い経済と社会保障という手ごわい歳出要因もあるが、バランスの取れた財政規律ある予算を望みたい。

膨張しがちな予算を抑制するには、財務省主計局の査定力とともに概算要求の段階でいかに絞り込むかが鍵となる。このため自民党政権下でも、概算要求基準として前年度並みのゼロシーリングやマイナスシーリングの上限を設定したが、民主党政権での編成となった昨年の作業ではこれを廃止した。

その結果マニフェスト実現を優先した政治主導で財政規律のたがはずれ、概算要求は95兆円台と過去最高額に膨張。これが最後まで尾を引き国債発行額が44兆円と税収を上回った。

11年度予算の概算要求基準はこれを教訓に、6月に決めた「財政運営戦略」に沿って、国債費などを除く一般歳出の大枠を10年度の71兆円並みとし、国債発行も44兆円以下との上限を設定。

その上で（1）1兆円超の特別枠を設定、環境・医療など成長分野に重点配分（2）社会保障費の自然増分1兆3千億円は容認（3）各省は本年度予算を一律1割削減―との内容とした。優先度の高い予算の増加分は既存経費の削減で賄い、総枠では本年度以上には膨らまない仕掛けだが、年末に掛けた編成作業で課題もいくつかある。

そもそも経済が回復軌道に乗りつつある来年度予算が、異例に膨らんだ本年度予算と同規模で良いのか疑問だ。財政危機の深刻さからすれば、最大の歳出項目である社会保障費も聖域化せずに、工夫して絞り込む方向で査定すべきだ。

一般会計より膨大になっている特別会計にも、今後の編成作業の中で事業仕分けのメスが入るが、制度の当否を含めてスリム化をぜひ実現してほしい。

一律1割の歳出削減は、人件費も対象になり今後相当の抵抗も予想される。公共事業は既に本年度2割近い削減となっており、前原誠司国土交通相はじめ閣内の反発も強い。菅政権の基盤が不安定な現状では、予算とりまとめの求心力が働きにくいとの指摘もある。しかし財政健全化に一歩を踏み出す予算編成こそが、強い政権基盤作りへの道でもあることを肝に銘じるべきだ。

八 「改造内閣の経済課題」補正予算が試金石だ　10年9月23日

有言実行が菅直人改造内閣のキャッチフレーズだという。1年前に国民の期待を担って実現した政権交代だったが、迷走の繰り返しや政権内の不協和音などで目立った成果は得られていない。再スタートを切った菅政権も内部に対立を抱えた上に、衆参でのねじれ国会が控えている。

政策の機能不全が今以上深刻化すれば国民の政権離れにとどまらず、政治そのものに対する不信が極まり、日本が破綻《はたん》しかねない瀬戸際にある。与野党ともこの危機感を共有し政局から政策本位に切り替え、日本の立て直しに向け具体的な成果を出してほしい。

日本再建の骨格となる政策課題は、税財政基盤の強化と企業の成長支援に大別されるだろう。この戦略の司令塔の役割を担うことになるのが9月に発足した労使のトップや学識経験者などからなる新成長戦略実現会議だ。自民党政権で政策の司令塔役だった経済財政諮問会議を政権交代で廃止したことが、政策迷走の一因との指摘があっただけに、新たな戦略会議に期待したい。

年末までに政府税制調査会とともに消費税アップ、所得税の累進強化、公正公平な税捕捉のための納税者番号で前進ある結論を出し、財源論に裏付けられた社会保障の具体的な青写真も提示すべきだ。

また企業の成長支援では、法人税減税や鉄道などインフラ輸出に対する政府関与、さらには環境、医療分野などでの新たな需要と雇用の創出も大きなテーマだ。

直ちに実行できて経済成長に寄与する政策は限られるが、重要なのはそれぞれのテーマで確固とした方向性を示すことである。そうした政策が統合されて「強い経済、財政、社会保障の実現」が可能となり、デフレからの脱却の展望も見えてこよう。

大戦略とともに足元でのスピード感も大切だ。ことあるごとに「反応が鈍い」とやゆされることの多かった政策対応も、為替介入で円急伸に歯止めがかかったのは、評価したい。次に控える大きな課題が臨時国会での2010年度の補正予算案審議だ。景気の2番底懸念に対応する狙いだが、中身は雇用、環境など成長戦略に沿った分野に重点配分する方針だ。

4、5兆円の規模を求めている自民党など野党の要求とも重なり合う分野が多い。税収見通しや内外の景気指標を踏まえ、財政規律を損なわない範囲で建設的な与野党協議を望みたい。

予算内容では大筋で大きな相違点はないのだから、金額で歩み寄ることができないはずはない。政策を政局の材料にする愚の繰り返しは厳に避けたい。補正予算はねじれ国会での政策実現に道筋をつける試金石である。

九 「ＴＰＰ参加問題」大局見据えた熟議を　１０年11月10日

政府は、関税などを撤廃し自由な経済圏を目指す環太平洋連携協定（ＴＰＰ）関係国と協議を開始する方針を決めた。菅直人首相が今週末のアジア太平洋経済協力会議（ＡＰＥＣ）首脳会議で表明するのに、何とか間に合わせたが、参加に前のめりだった首相の意向は事実上先送りされた。

高関税で保護されている農産物への打撃が大きいとする閣僚や与党の一部からの強い反発に配慮したためだ。「平成の開国」論議を、「参加検討」に言及した首相の所信表明演説から1カ月余りで結論付けるのはあまりに拙速だし、消費税論議の時と同様唐突感がぬぐえない。今後影響の大きい農業改革のきめ細かい対策と国民の十分な理解を得た上で、大局を見据えた決断をすべきだ。

世界貿易機関（ＷＴＯ）が主導する、より自由な交易を目指す国際的ルール作りが停滞しているため、2国間や地域間での自由貿易協定（ＦＴＡ）や経済連携協定（ＥＰＡ）といった自由化協定の動きが活発化している。特に韓国は主要市場である米欧との協定交渉を事実上終え、中国とも交渉入りの段階だ。これに対して日本はこのほどインドと合意したものの、米欧中とは協定がなく完全な出遅れ状態だ。

このため米国やオーストラリアなども新たに交渉に加わり9カ国の統一ルールを決めるＴＰＰ交渉への参加は、喫緊の課題となっている。日本は関税のない広域経済圏に入ることで、安定的な輸出市場が確保され、安い輸入品の恩恵も受ける。

ただこれまでに日本が合意した協定は農産物を除外できたのに対し、TPPは例外を原則認めず参加のハードルは高い。それでも自由貿易の世界から孤立して生きられない以上「不参加」の選択はあり得まい。農業も国際市場の向かい風に直面することになろう。

しかしTPPへの参加は、前原誠司外相が言うように、農業のために他産業が犠牲になっているとのゼロサムの問題ではない。今後とも日本には輸出立国の道しかないのだが、農業生産の堅持も不可欠だ。TPP参加の最終決断をするにしろ、農業改革の具体策を併せて示すことが肝心だ。

関税撤廃による農産物価格の下落に対応した所得補償などの支援策が不可欠なのは当然だが、一方でこれまでの保護政策が結果的に農業の足腰を弱体化した側面も直視すべきだ。いち早く市場に向き合ってきた野菜や果物が、高価格でも海外で好評を得ていることもヒントになるだろう。来年6月の最終判断に向けて、まずは政府・与党内でTPP参加の課題を多面的に議論すべきだ。内部の熟議を経ない発信を繰り返していては、政権の統治能力の欠如としか国民には映らない。

十 「経済展望」不安の先に明るさを　10年12月28日

11年は世界経済を直撃したリーマンショックから丸3年となる。昨年春には底を打ったかに見えた内外の景気は、欧州の金融危機、国内では円高や方向感を喪失した経済運営を背景に「2番底」懸念も出たが、新興国経済の底堅さに支えられ小康状態に戻った。

今年の経済も失業や財政赤字など不透明感を残しながらの船出になる。米国の追加てこ入れ策や欧州連合（EU）の金融支援策が浸透し、不安の先に明るさが広がることを期待したい。

世界経済を左右する米国は、リーマンショックを契機に借金による過剰消費体質だった家計が借金返済と貯蓄に向かったほか、失業率の高さもあり個人消費は低迷。このため昨年11月に追加金融緩和策を、年末には大型減税の延長を決定した。徐々にてこ入れ効果が表れてくるはずだ。

欧州ではギリシャから始まった国債の信用不安が、年末にかけアイルランドやスペインなどで再燃、EUは金融支援策の増強に乗り出した。世界経済の下支えには「ユーロペシミズム」の解消も欠かせない。

新興国は、欧米と対照的に景気の過熱対策が課題だ。インフレを警戒する中国は年末に金融引き締めに転換した。さらに人民元切り上げを進めて内需振興にも注力すれば、経済の持続力が堅持でき、世界の市場としても魅力が増すだろう。

世界の動向に直結している日本経済にとって鍵を握るのは為替動向だ。昨年は1ドル＝80円突破寸前まで円高が進み、企業家心理は萎縮したが、円高が修正局面に入れば企業活動にはプラスに働く。家計所得や雇用にも波及効果は及ぶ。昨年は家電エコポイントなどに支えられた個人消費が、息切れせずに自律的回復に向かうか注目したい。

最大のリスク要因は政策運営力だ。支持率に振り回されて、何が本来優先すべき課題なのかを見失っている政治を変えなければならない。

年末の税制改正でも高額所得者への増税など所得格差是正に踏み込んだものの、成長戦略をにらんだ法人税減税の財源をめぐるつじつま合わせの側面が目立ち、政策の目的が埋もれてしまった感が強い。

政務三役の発信だけでなく官僚機構を活用して、政策の狙いを十分国民に理解してもらうことが大切だ。今年こそ、社会保障の基盤作りや公正・公平を前面に掲げ、消費税増税や納税者番号制など包括的な税制改革に着手すべきだ。

対外的には関税撤廃で広域的な自由貿易圏を形成する環太平洋連携協定（ＴＰＰ）への参加問題に結論を出す年でもある。これら２大課題にめどを付け「失われた20年」に終止符を打つきっかけにしたい。

十一　「一体改革」政争の時は過ぎている　11年2月2日

政府が最優先課題としている「社会保障と税制の一体改革」は国会論議に入ったが、実現への視界は不透明だ。政治の機能不全をみて、米国格付け会社は日本の国債格下げに踏み切り、ギリシャなど財政破綻国に似て危うい薄氷上にあることが表面化した。国会で反目する時期は過ぎている。

政治とカネやマニフェスト（政権公約）攻防も大事だが、社会保障と税という国民生活の基盤的政策の危機を直視し、一体改革の与野党協議入りのめどを付ける時だ。

2つの危機は、歴代政権がこれらの課題の抜本改革を先送りしてきた結果でもある。２０１１年度予算では年金、医療、介護などの社会保障関係費は29兆円に迫り、41兆円の税収の相当分を充てる異常さだ。少子高齢化の進展で今後とも年1兆円の増加が見込まれ、給付と負担の両面からメスを入れない限り年金制度は持続不可能な状況だ。

財政面でも、既に税収よりも国債発行額が多い予算が2年続き、国と地方の借金は国内総生産（GDP）の約2倍と先進国の中で最悪だ。破綻寸前の日本に敏感に反応するのは市場だけではない。国民心理的にも深い憂いの種である。政治だけが鈍感であってはならない。

菅直人首相は社会保障改革による給付と負担の見直しと、財源の裏付けとなる税制改革の成案を得るため、内閣の再改造後に矢継ぎ早にさまざまな検討会議を立ち上げた。これまでにない本気度は伝わってくるが、発信力強化で済ますのではなく、足元の民主党内をまとめることが重要だ。「与党案を先に出すのが筋」との野党の主張は当然だ。

さらにはさまざまな検討会を作るほど全体の司令塔が見えにくくなり、調整が難しくなる懸念もある。例えば社会保障と税を一元管理する共通番号の検討会が発足したが、共通番号は正確な所得捕捉の役割も担う。消費税増税、所得再分配を強化するための累進税率見直しと併せ税制全般の改革の中に位置付けた議論も必要だ。透明で整合的な政策実現のプロセスを構築すべきだ。

野党にも注文がある。自公政権時の０９年度の所得税法改正に盛り込んだ「税制の抜本改革のために１１年度までに法制上の措置を講じる」との付則だ。政治の先送りに歯止めをかける官僚の知恵ではあるが、付則は今でも有効だ。さらに自民党は、継続審議になっていた財政健全化責任法案に民主党が歩み寄る姿勢を示したところ、法案を取り下げ、修正して再提出するという。解散・総選挙優先の政治手法に国民はうんざりしている。

一体改革の協議を早急に始めないと、失われた20年はおろか「失われた日本」が現実味を増す。

十二　「福島原発事故」東電は経営体質を見直せ　１１年3月28日

東京電力は、地震と津波で壊滅的打撃を受けた福島第1原発の処理や放射線被害補償などのため、金融機関から2兆円の緊急融資を受ける。原発被害に収束のめどが立たず、電力供給力不足による計画停電を余儀なくされ、政府と金融機関に支えられた瀬戸際の状況は当分続くが、地域への電力供給という公益事業の義務に変化はない。

未曽有の事故で今後、原発設置の際の安全基準の引き上げ、ひいては原発依存型のエネルギー政策の転換が迫られるのは必至だが、それだけでは不十分だ。すべてが後手に回り、ずさんな対応が続出する東電の経営体質の見直しなくしては、大惨事の再発防止はあり得ない。事業者の安全管理体制を立て直すには現在の組織をリセットして出直すほかない。

日本の発電用原子炉は54基。世界有数の原発大国だ。燃料費が安く、かつ火力のような排ガスを出さないとの理由で国が推進してきた政策である以上、安全管理体制にも国に最終責任があるのはもちろんだ。だが個々の原発の危機管理責任は当然ながら、事業者の電力側が負わなければならない。

今回の地震、津波の規模を「想定外」とする判断も甘いが、その後の危機対応が十分ならば、これほどの深刻な事態を招かないで済んだのではないか。検証は後に委ねるとしても、現段階でも後手に回った事例に事欠かない。

第1に、電源を失い緊急炉心冷却装置が機能しなくなったのに、海水を利用した注水対応が遅かった。政府関係者は「海水を注入すると廃炉になるので逡巡《しゅんじゅん》したのでは」と指摘する。採算が真っ先に頭をよぎったのではないか。注水の監視員が現場を離れた隙に、ディーゼル発動機が油切れで停止し、水位が低下する初歩的なミスも犯した。

さらに作業員の被ばくは、危険度の高さを事前に伝えなかった基本動作の落ち度から起きた。

14日から始まった計画停電も、計画が前日の夜に突然公表され、しかも実施地域があいまいなため混乱を招いた。地域独占にあぐらをかいた体質の表れといえる。

安全管理の徹底が不備でありながら、政治やマスコミ、原発立地地域にはきめ細やかな対応で「安全神話」を浸透させた東電の手腕には定評があった。

機動性、柔軟性に欠け、事なかれ主義。官僚的で隠蔽体質。かつて経団連会長も出し「日本株式会社」を代表する同社に、いつの間にかはびこった経営体質が、危機を増幅したといえる。

信頼回復は地域独占のおごりにメスを入れ、公益事業の原点に戻って安全安心を最優先に出直してこそだが、その代償はあまりに大きい。

十三 「復興財源」臨時増税へ国民的合意を 11年4月26日

被害額25兆円と見込まれる東日本大震災の復興対策として、4兆円規模の2011年度第1次補正予算が5月初めにも成立する見通しとなった。仮設住宅建設や港湾などインフラ復旧のための緊急対策を中心に、年金財源の一時的流用などを財源に充て当座はしのぐ方針だ。

しかし7月以降に予定している第2次補正は本格的な復興対策を盛り込み10兆円を上回る規模に積み上がる見通しで、原発被害でさらに追加額が膨らむ。その財源は、日本の財政事情からすると、国民が広く負担を引き受ける臨時増税しか選択肢はあるまい。

1次補正の財源でさえ与野党合意を得ていない現状では先が思いやられる。国難にあっても政局優先がにじむ永田町の常識は、復興を第1に願う国民には非常識に映る。政治は虚心で世論に耳を傾け、復興財源の道筋づくりに結束すべきだ。

復興対策は、文字通り日本の浮沈がかかる緊急の課題ではあるが、一方で1千兆円近い借金を抱え先進国で最悪の財政危機にある点も直視すべきだ。政府は復興再生（国）債を発行して資金を確保する方針だが、国債暴落のきっかけを市場に与えないための歯止め策が不可欠だ。

原発に加えて国債発行も制御不能となり、これ以上世界経済の混乱要因になるのは絶対避けなければなるまい。

それには、復興債の償還財源を、臨時増税で賄うとの国民的合意を得ることが肝心だ。増税時期は景気回復をにらんでの実施とし、それまでの間は復興債での借金となるが、最終的な負担は未曽有の苦難の時を共有している現世代が担うのが筋だろう。家計も企業も景気低迷の痛手を受けてはいるが、借金まみれの政府に比べ、個人の金融資産約1500兆円、企業の内部留保約200兆円とゆとりはまだある。

民主党が検討している一案は、復興財源を25兆円と試算して、3年間で消費税3％分の臨時増税だ。税収は1％で年2・5兆円だから年7・5兆円、3年間で計22・5兆円の増税となる。日本経済の実力や国民の強い連帯感を踏まえると十分対応可能な額である。

消費税アップが妥当か、所得税か法人税のアップかなど具体的税目や増税額・期間は今後、被災者への軽減措置などを含めて官僚の実務的知恵を生かし詰めればよい。その間は政府予算を節減し復興財源に回す努力が大切だ。

さらに使途を明確化するため、復興債を現在の国債発行残高に積み増さずに、復興基金枠の新設など別勘定にする歯止め策も必要だ。世界中からかつてない程の全面的支援が日本に寄せられる中で、国内がまとまらず「世界の非常識」とみられる事態は避けてほしい。

十四　「発送電分離」前向きな議論の機会に　11年5月24日

東京電力の福島第1原発事故を契機にしたエネルギー政策の抜本見直しの一環として、発電と送電を一体運営している現在の電力会社の経営形態を変える「発送電分離」論が急浮上している。

政府は事故後に、2030年までに電力の50％を原発で賄うとの現在の基本計画は白紙に戻し、地域に根差す再生可能エネルギーも電力供給の柱の1つにする方針を打ち出した。そのためには送電線の開放も必要との理屈が背景にある。

発送電分離は、約10年前にも電力自由化論議の過程で議論されたが立ち消えになった経緯がある。戦後の電力体制の根幹に関わる重いテーマだけに、一筋縄ではいかないものの前向きに議論を進める機会にすべきだ。

日本の電力各社は、発電設備に加えて送電網を地域に張り巡らしていることが地域独占、高収益体質を可能にしている。1990年代後半から2000年代初めにかけての電力自由化論議の過程で、電気料金が海外に比べて割高なのは競争がないためとして、電力以外の業者の参入を認め、電力の卸や小売りを解禁してきた。

当時の経産省は規制緩和を一段と進め、送電部門も電力会社から分離して開放する全面自由化を目指したが、電力各社が「安定供給の責任が果たせなくなる」と猛反発。折から自由化が先行した米国で、カリフォルニア大停電や新興電力会社エンロンの経営破綻など自由化のひずみが表れ、「他山の石」として発送電分離論は事実上封印された。

当時と今回では分離論浮上の事情に違いはあるが、風力や太陽光、地熱などの新規参入電力に道筋を付けるきっかけにするという論理では共通している。

日本のエネルギー政策は、過渡的には原発に一定程度依存せざるを得ない。しかし今回の安全神話の崩壊で、中長期的には、原子力による大規模発電から、分散型の小規模発電の集積に活路を見いだすギアチェンジが不可欠な状況に直面している。そのためにも、海外の事例を参考にしながら送電網の開放につながる積極的な議論の深まりを期待したい。

ただ今回の分離論には東電の賠償問題が微妙に絡んでいる。今年3月期連結決算は1兆円超の赤字を出し、この先膨大な額に達する賠償金の支払いは、いばらの道だ。送電部門の分離・売却はその財源捻出面からも現実味を帯びかねない。

東電だけの緊急避難論にとどまるのか、それとも全社を対象に正面からの展開にするのかなど土俵設定の問題にもなる。八ツ場ダムのように威勢良く打ち上げた後に腰砕けとならぬよう、精緻な論議を重ねて実の伴う結論に導いてほしい。

十五　「国債リスク」ギリシャを他山の石に　11年6月20日

世界経済の不安要因であるギリシャの債務問題は、欧州連合（ＥＵ）と国際通貨基金（ＩＭＦ）などによる第２次金融支援が大筋で合意の方向となった。しかし公務員の人件費削減や増税などが条件になっているため国民の反発は強い。統治力の弱い現政権で実現は難しく、追加支援は危機の先送りにすぎないとの見方が根強い。国債格付けは、デフォルト（債務不履行）に陥る危機にある水準に下げられ、国際金融市場の緊迫は続く。

翻って、財政状態はギリシャより悪化、先進国の中でも最低水準にある日本はどうだろうか。国民の金融資産や負担能力、産業の競争力の点で、ギリシャとは比較にならないとの楽観論があったが、東日本大震災後に様相は一変した。

国内総生産（ＧＤＰ）の約2倍、1千兆円近くまで膨らんだ債務残高に加えて、20兆円規模の東日本大震災の復旧・復興費用が重くのしかかる。しかし首相の退陣をめぐる政争が優先され、２０１１年度第２次補正予算案は小規模とし、退陣後に大型の第３次補正を提出する方向だ。肝心な、予算の裏付けとなる復興債の償還財源としての増税論議は、与野党とも及び腰だ。

国の借金の証文である国債には政治の信認度合いが反映される。市場は日本の担税余力が他の先進国に比べて大きい点を国債の評価に織り込んできたが、政治に増税対応力がないと判断すれば格下げするだろう。日本の政治の惨状がさらけ出された今は、その分岐点にある。

大震災後に、産業の強い競争力に陰りが出ている点も心配だ。貿易収支は4、5月連続の赤字に陥った。これが構造的変調であれば、国の借金は、貿易などの経常黒字があれば国内で資金繰りがつくという信認の図式も、危うくなる。

現状はギリシャの10年もの国債が暴落、利回り17％前後で推移しているのに比べると、日本の国債は1％近くで安定的に推移している。外国の投資家が70％近くを占めるギリシャ国債と違って、日本は95％近くが国内保有だから安心との声もある。だが国債を大量に保有する多くの金融機関がちょっとしたきっかけでろうばい売りに回り、一気に国債が暴落した事例は過去にもある。

金融庁は「日本の市場は一方に走る傾向が強い」として、投資家の多様化に向け海外での国債販売に力を入れているが、ヘッジファンドが市場で売りを仕掛ける懸念も高まる。日本国債のリスクが高まれば、国内外の金融システムに与える打撃は計り知れない。ギリシャを他山の石に、政争にうつつを抜かす政治はリセットするべきだ。いつまでも国民や企業に甘えていてはいけない。

十六「第３次補正予算」与党は増税から逃げるな　11年8月16日

菅直人首相が退陣を明言したことで、遅れていた２０１１年度第３次補正予算案の編成作業が本格化する。合計約６兆円の１次と２次の補正予算が、東日本大震災の仮設住宅建設や道路・港湾復旧など緊急度の高い事業を優先したのに対し、３次補正には本格的な復興事業を盛り込み、10兆円規模に膨らむ見通しだ。

政府は新たに復興債を発行して手当てする方針だが、肝心の償還財源に見込んでいた臨時増税は民主党内からも強い反発が表面化し、結論は持ち越しとなっている。

菅首相の後継を選ぶ民主党代表選では、野党との大連立の是非と並んで増税が大きな争点になるとみられるが、誰が選出されるにしても、増税から逃げられない危機的な財政事情にあることを銘記すべきだ。

政府が７月末に決めた復興基本方針は、当初５年の集中復興期間に19兆円を投入するとしている。既に執行中の１、２次補正の計約６兆円のほか、歳出カットや国有財産売却などによる収入約３兆円を想定。10兆円は復興債で対応する考えだ。その償還財源に充てる臨時増税に関しては棚上げとなっているが、もはや待ったなしだ。

代表選で有力候補とされる野田佳彦財務相は増税容認論を打ち出しているが、別の候補の馬淵澄夫前国土交通相は反対の立場。景気低迷時に「安易な増税はするべきでない」との主張には、党内で同調する議員も多い。

増税は、景気動向をにらんで実施すべきことは当然だが、決定をいつまでも先送りし先進国中最悪の財政を放置していては、市場の不信認を増す。それは米国の例でも証明されている。言いっ放しではなく、政治の実行力を示すことが経済にもプラスに働くことを民主党は理解すべきだ。

党内には、普通国債と同様に償還期限を60年にして増税を避けるべきだとの指摘もあるが、復興負担のツケを次の世代に回すべきではあるまい。

もちろん臨時増税に当たっては前提が必要だ。被災対策は補正予算などで重点的に対応すべきだが、それ以外の一般歳出は極力、抑制することが肝要だ。その意味では野党に譲歩して合意した子ども手当の所得制限導入をはじめ、高校無償化、農家の戸別所得補償、高速道路無料化の看板政策の見直しは、むしろ時宜にかなっていよう。

さらに11年度補正の後に控える12年度予算編成では、震災関連以外は思い切って一律削減を実施してはどうか。財務省からは「削る余地は少なくなっている」との声が聞こえるが、未曽有の国難の中で乏しきを憂えるべきではない。
被災地の痛みを等しく分け合う努力は、ばらまき財政を正すことにも通じるだろう。

十七 「復興増税」新体制の実行力示せ 11年9月20日

政府税制調査会は、東日本大震災の復興に充てる臨時増税案をまとめた。当初検討するはずだった消費税増税は、2010年代半ばからの「社会保障と税の一体改革」で対応することになったため、臨時の復興増税は所得税と法人税を軸にした案に落ち着いた。増税規模は計11兆2千億円で、期間は12年度から10年間とする方向だ。

しかし与党民主党内や、連立を組む国民新党には増税に慎重論が根強く、実現への道のりはこれから胸突き八丁を迎える。全方位配慮型でスタートした野田政権の真価が問われている。

政府は、今後5年間の復興費15兆5千億円（年金財源流用の穴埋め分を含む）にB型肝炎訴訟の和解金を加えた必要額を計16兆2千億円と見積もり、日本たばこ株売却や公務員人件費などの歳出削減で5兆円を捻出する。増税圧縮の努力は認めるが、歳出削減余地はまだあるはずだ。

政府税調は増税額11兆2千億円について2案を提示。一方がたばこ増税も盛り込んだほか、2案とも所得税と法人税を軸に個人住民税の増税を加え大差ない。法人税増税は3年間で2兆4千億円。

11年度から予定している5％減税の範囲内のため、財界からの反発は少ない。

所得税はたばこ増税抜きの案で7兆5千億円の増税。年収500万円の夫婦、子ども2人の世帯で、年4300円の増税が10年続く。もちろん増税はないに越したことはないが、今は非常事態である。平時の予算編成でさえ借金（国債）で5割近くを賄う危機的財政状況では、1カ月にコーヒー1杯分程度の負担はやむを得ないだろう。

問題はむしろ実現までのハードルにある。政府は増税2案を基に民主党税制調査会や、野党との調整を経て政府・与党案をまとめ、10月には増税を盛り込んだ11年度第3次補正予算案を国会に提出する方針。復興増税に一定程度理解を示している自民、公明両党との協議以前に、難関はまず、政権交代後2年が過ぎても重要な政策が、言いっ放しで何ら前進させられなかった民主党内の取りまとめだ。

野田佳彦首相は過去の反省から、党内手続きを重視。多様な意見を集約して結論に導く手法として党税調の復活や政策調査会を強化した。自民党政権時代と同様、ここで幅広い異論を受け止め、政策一本化に結び付けるのが狙いだ。

同じ党内でもさまざまな意見があるのは当然のことで、今後党税調などとの調整次第では、増税規模や実施期間の修正は十分あり得る。しかし、増税の基本方針がまとめ切れないようだと、もはや政権を預かる資格はない。野田新体制の実行力を示してほしい。

十八　「ＴＰＰ交渉」論議がまだ足りない　11年10月13日

野田新政権は、環太平洋連携協定（ＴＰＰ）交渉を、最優先の対外懸案に位置付け、初の関係閣僚会合を開くなど論議をスタートさせた。関税の全面撤廃など自由な経済圏を目指す９カ国によるＴＰＰ交渉は、11月のアジア太平洋経済協力会議（ＡＰＥＣ）首脳会議で大枠合意の方向だ。日本は１年前に菅直人前首相が交渉に前傾姿勢を示して以降、市場開放による農業壊滅論が立ちはだかり、政権内の議論は停滞していた。

野田佳彦首相は、ＡＰＥＣを意識し、日米首脳会談でも「早急に結論を出す」と明言したが、対立を解きほぐすには論議がまだ不足している。総論段階にある賛否の論議を深化させた上で、交渉に臨む姿勢を明確化すべきだ。

ＴＰＰは、シンガポールやチリなど現在の加盟４カ国に米国など５カ国が参加して交渉中で、10月中にも大枠合意案を作成する予定。交渉は農業のほか金融、通信などのサービス、投資、労働と、網羅的分野での自由化により、広域自由経済圏の実現を目指しており、日本の合流は自然な流れといえる。日中韓の自由貿易協定（ＦＴＡ）を一方で目指す日本が、米国主導のＴＰＰに参加しない選択は日米基軸の外交戦略上も考えにくい。

にもかかわらず日本の態度が曖昧なのは、ＴＰＰ交渉の意味が十分に浸透していないことが一因だ。

そもそも交渉と協定加盟は別次元なのに、交渉入りが、なし崩し的にTPP加盟につながるとのためらいが消極論の背景にある。

しかし例外なき自由化の交渉も、現実には、米国が砂糖や酪農品で関税撤廃の例外を主張。シンガポールも「早い段階で交渉に加われればルール作りに参加できる」と指摘する。交渉で日本の立場を主張しなければ、むしろ協定にも不利に作用しかねない。

日本の最大関心事はコメなど農産品の扱いだが、自由化を容認できないのなら早急に交渉で例外扱いを主張すべきだ。関税撤廃やむなしとなっても、10年間の段階的自由化は認められる。割安な輸入品で被る農家の損失には現在の戸別所得補償制度を適用する案もある。

11月のAPECで「大枠合意」ができても、加盟に不可欠な協定の合意は来春になる。日本に現在必要なことは、対外的にはタイミングを逃さないようにまずは交渉に加わる意思を固めることだ。同時に、停滞している国内の論議を詰めて、来春までの間に最終方針を決めればよい。

慎重姿勢が根強い民主党内の議論も動き始めた。多角的視点から議論を尽くせば結論はおのずから見えてくるはずだ。なすすべもなくTPP参加のハードルが高くなる愚は避けたい。

十九　「G20首脳会合」世界は結束と投機規制を　11年11月7日

フランスのカンヌで開かれた20カ国・地域（G20）首脳会合は、ギリシャをはじめとする欧州債務危機に振り回される中で閉幕した。

ギリシャのデフォルト（債務不履行）を避けるため、欧州連合（EU）は事前に（1）国債元本の50％削減（2）ユーロ圏銀行の自己資本比率を9％に増強（3）欧州金融安定化基金（EFSF）を1兆ユーロに再拡充―の包括支援策を用意した。だが国民投票を提案したギリシャ政府のドタバタ劇でG20での最終決着は宙に浮き首脳宣言では支援策の「速やかな実行を求める」との表現にとどまった。

さらに国債が急落し危機の波及を恐れたイタリアが、国際通貨基金（IMF）の監視下に入る決断を下し、債務危機は「G20で収束」とのシナリオとは逆に波乱の展開となった。欧州債務危機封じ込めのため、世界が今ほど結束を求められる時はない。

IMFは危機拡大に備え、一層重い役割を担う必要がある。世界的金融危機の安全網強化策として、首脳宣言は資金繰り支援の短期の融資制度を支持し、資金基盤の増強を求めた。IMFは速やかに具体策を固めるべきだ。日本や中国などの新興国も欧州危機に対する資金協力姿勢を示したが、ギリシャで発足する大連立政権が支援策を承認することが先だ。

とはいえ支援策は応急手当てであり、抜本対策は各国の財政健全化である。ギリシャは観光や造船・海運以外に目立った産業が少ない半面、公務員が就労人口の4分の1を占めるなど公的部門が肥大化しており、経済の活性化は簡単ではない。緊縮財政にどこまで国民の暮らしが耐えられるのか、混迷は当分収まるまい。

ギリシャ政治の混乱に隠れてかすんだが、危機封じ込めに見過ごしてはならないもう1つのポイントがある。同国経済の脆弱《ぜいじゃく》性に付け込んだマネーの動きが今回の危機に拍車を掛けているという厄介な裏面だ。

首脳宣言でも規制強化を明記した「影の銀行」のことで、危機を絶好の投資機会にしているヘッジファンドなどの投機マネーや、投資先が破綻した際に損失をヘッジする「CDS」という保険商品がそれだ。ギリシャがデフォルトに陥れば保証金が入るCDSを大量に仕込んだヘッジファンドが、ギリシャ国債を空売りするなど金融テクニックを駆使して執拗《しつよう》にデフォルトに追い込む動きがあったとみられる。

EUは、CDS取引の規制やこうした金融取引への課税など対抗措置を表明した。財政健全化と同時に、リーマンショック以来の懸案である影の銀行の規制なしに世界は破綻の恐怖から逃れられない。

二十　「経済展望」身の丈に合った戦略を　11年12月28日

日本経済が昨年抱え込んだ重い課題は、解決のめどが付かないまま越年した。東日本大震災がもたらした生産・供給体制寸断と、東京電力福島第1原発事故によるエネルギー政策の根幹直撃。記録的円高の定着。さらにリーマンショック以降続く世界経済の大波乱。

未曽有の国難に直面しながら、政治は何らかじ取り役を果たせず、政争に明け暮れるお粗末さを露呈した。袋小路に陥った日本がこのまま立ち往生しないためには、身の丈に合わせた経済へ戦略を転換するしかない。

日本の惨状は、資源の少ない小国で1億2千万人が豊かさを追求した無理が招いた面がある。素材から自動車などの組立、電子・情報技術と、産業のウイングを目いっぱい広げた輸出立国は、国際競争力維持のため、非正規社員化などで労働コスト削減を進め格差社会を生んだ。所得分配の在り方を見直すべき時期だ。

無理がもたらした極め付きは、産業界から、割安ともてはやされた原子力の事故による放射性物質の汚染だ。

政府は電力供給の5割を原子力で賄うとした従来のエネルギー計画を見直す方針だが、原発事故の途方もないコストを踏まえ、自然エネルギーと省エネ技術を徹底追究する機会にしたい。

少子化に、円高に伴う産業空洞化が加わり、「日本空洞化」の気配すら漂っている現状を打破するため、政府は昨年末、「日本再生の基本戦略」で、２０２０年度までの年平均で３％の名目成長目標を掲げた。その実現には内需と成長を続けるアジア市場をにらみ、医療、環境分野の重点投資はもちろん、最先端技術や独創性で追随を許さない製品開発が不可欠だ。関税に保護されてきた農業も、高品質の農産品を輸出に向ける環境整備が急務だ。

少子化と企業の海外移転という不可逆的流れの中で、身の丈に合う国の形は「小さな政府」以外に選択の余地はない。財政健全化には消費税増税がやむを得ないとしても、国会議員や公務員の人員や給与削減はじめ歳出カットが全く不十分だ。

八ツ場ダム（群馬県）も建設再開が決定、１２年度政府予算案は全方位ばらまき型だ。民主党政権は深刻な財政赤字の中で、「コンクリートも人も」に軌道修正し、一体何を目指そうとしているのか。国民は、政治家抜きの新政権で財政再建に着手したイタリアを見習いたい気分ではないか。選挙目当ての政治から日本が前に進むよう監視したい。

米国の金融破綻から欧州に波及したグローバル危機にも、政府は積極関与すべきだ。資金面での支援と同時に、混乱要因になっている投機マネーの規制を米国に遠慮せずに主張すべきだ。危機が波及してからでは遅い。

二十一「格付け会社と政府」投機資金先導に歯止めを　12年1月31日

イタリアの捜査当局が、同国の経済を誤って評価し、市場操作した容疑で米格付け会社、スタンダード・アンド・プアーズ（S&P）などの捜査に乗り出した。ユーロ圏9カ国の国債を一斉格下げするなどの行動に対抗する措置だ。

欧州債務危機の引き金を引いた格付け会社に対して、欧州連合（EU）は規制強化や公的格付け機関創設など防衛姿勢を強めている。投機資金の事実上の先導役となっている格付け会社と政府間の摩擦激化は、現代の経済システムの持続を危うくしかねない。

欧州債務危機は、ギリシャがユーロ導入時に財政赤字額を粉飾したことが2009年に表面化して市場の不信を呼び、国債が暴落したのが発端だ。イタリア、スペイン、ポルトガルの債務返済にも疑念が連鎖し国債が次々に急落。その保有者である銀行経営まで直撃しているのが危機の構図である。各国の財政運営のずさんさが市場の不信を呼び、危機の元凶となったのは明白だ。

しかし、危機の警鐘を鳴らす役割の大手格付け会社が、投機資金と一体となって危機を深刻化させているのが昨今の状況である。

格付け会社は本来、企業や国家が、借金のために発行する社債や国債の債務返済能力を、財務指標やガバナンス（企業統治）の手腕などで総合評価し信用度を格付けする「市場の番人役」だ。発行体の債券は高格付けほど低利率で済むなど、信用度ランクに応じて変動し、投資家はその格付けを参考に安全優先かハイリスク・ハイリターンかの投資判断を下す。

ところが００年代の初頭に粉飾決算で破綻したエンロンとワールドコムに対し、直前まで最高の格付けを付与していた。０８年のリーマンショック時は、高格付けなのに高利率という異常な証券化商品開発にも関与するなど、格付け判定能力への疑念がつきまとい、国際ルールに基づく登録制になり当局の監督下に置かれた。それでも昨年米国債を格下げした際の財政赤字の過大見積もりが明らかになったばかりだ。イタリア当局による強制捜査も、格付けは適正かとの疑念が背景にある。

さらに問題なのは、格下げのたびに損得に敏感な短期の投機資金が暴走。市場の番人という黒子役が投機の先導役となり、世界のかく乱要因となっている点だ。

欧州など先進国の財政赤字の膨張は、異常な格付けとファンドなどの投機資金がもたらしたリーマンショックの後始末という要因も大きいため、格付け理由の合理性開示や金融取引課税は当然だ。投機と投資の区別は付けにくく規制は容易ではないが、現状を放置したままでは市場経済システムは自壊しかねない。

二十二　「ＩＭＦ資金増強」ようやく安全網が整った　12年4月23日

懸案だった国際通貨基金（ＩＭＦ）の資金増強がようやく実現することになった。

ワシントンで開かれた20カ国・地域（Ｇ20）財務相・中央銀行総裁会議は、ＩＭＦの融資資金枠として新たに４３００億ドル（約35兆円）以上を確保することで合意した。ＩＭＦの融資能力が２倍強に拡大される。欧州債務危機をきっかけに整備を急いでいた国際的な金融安全網は、欧州金融安定化基金（ＥＦＳＦ）など欧州圏内の支援態勢強化と合わせ、これで２本柱が整うことになる。

しかし、出資額1位の米国は「ＩＭＦの財源は十分にある」との立場から新たな資金拠出には応じなかった。拠出の意向を示した新興国も、ＩＭＦに対する発言権を求めて金額の公表は見送った。一時の緊迫感が薄れて、「喉元過ぎれば」の対応では困る。足元ではスペインの財政不安がくすぶっており、Ｇ20の共同声明でも「下振れリスクはなお根強い」と強調している。一層の安全網強化を求めたい。

国際金融の安定を担うＩＭＦは、財政危機に陥った国への融資向けに現在３８００億ドルの資金枠を有する。しかし、ギリシャ危機の深刻化で、他国への連鎖を防ぐ資金増強が不可欠として、加盟国に新たな負担を求めていた。今回、当初想定した5千億ドルの増強には届かなかったが、ユーロ圏諸国の2千億ドル拠出は当然として、日本が円高回避の思惑も込めて６００億ドルと突出した額の拠出を明示した。これが呼び水となって13カ国・地域が金額を示し、懸案が実現した。

ラガルドＩＭＦ専務理事が「資金増額を主導した日本に感謝したい」と歓迎したように、東日本大震災で世界から支援を受けた日本が、金融安全網強化に貢献を果たす機会になったともいえる。

今回のＧ20はまた、ＩＭＦの枠組みの有効性を示すことができたものの、その内実は大きく変容しつつあることも浮き彫りにした。米欧中心のこれまでのＩＭＦ運営に陰りが出て、財政難で「ない袖は振れない」とばかりの米国の出資拒否や新興国の発言権要求に象徴されるように、米国の影の薄さと新興国の存在感が目立ったことだ。今後、中国やブラジルなどの新興国は具体的な拠出金額の明示が求められるが、それにはＩＭＦが新興諸国の関与強化を認めねばなるまい。

さらにＩＭＦとは別な枠組みで、アジア版の金融協力体制である「チェンマイ・イニシアチブ」の資金拡充や、新興5カ国によるＢＲＩＣＳ銀行創設の動きも活発化している。米欧主導型の世界秩序が行き詰まる中で、国際金融の主要枠組みであるＩＭＦ体制も大きな転機に直面しているのは当然といえよう。

二十三　「Ｇ20首脳会合」問われるＥＵの意志　12年6月20日

メキシコ北西部ロスカボスで開催された20カ国・地域（Ｇ20）首脳会合は、欧州連合（ＥＵ）に対して「銀行同盟」などあらゆる措置を求める首脳宣言をまとめた。欧州債務危機に振り回され続ける各国のいら立ちが鮮明になったといえる。

ギリシャの再選挙による財政緊縮派の勝利で、危機は最悪の事態を回避したようにみえたが、スペイン、イタリアの債務問題に対する市場の懸念の深まりで、世界を巻き込んだ欧州危機は一向に収まらない。

危機の表面化から約3年になる市場の不信と動揺の源を断つには、ギリシャへの強固な支援にとどまらず、EU自身の揺るぎない統合への意志を具体化する以外にない。

こうした観点から今回のG20は、2カ月前に固めた4300億ドルの国際通貨基金（IMF）の融資増強枠を4560億ドルに上積み。中国が今回、日本の600億ドルの資金増強に次ぐ、430億ドルの新たな融資枠を決めたのも、わが身にはね返っている欧州危機の沈静化を望んでいるからだ。

さらに首脳宣言で「成長と雇用を促進する決意」を表明。緊縮財政だけでは経済の減速は避けられないし、ギリシャの再選挙で緊縮反対派が票を伸ばした面にも配慮。財政規律路線を修正したといえる。ギリシャに課せられた財政緊縮策も緩和される見通しだ。

「危機がどうなるのか」。先を読んだ安全網強化や成長戦略は、足元の対策としては重要だ。しかし、市場が現在問うているのは、欧州が解決策を示せないでいる構造問題だ。

ユーロ圏共通の金融政策以外、金融機関に対する共通の監督基準や救済策がない点や、各国に財政政策を委ねている弊害である。これらが、銀行の経営実態や、南欧諸国の財政規律に対する市場の不信を呼び起こす危機の根底にある。

欧州の「危機の構造にどう対処すべきなのか」。首脳宣言は欧州の銀行の監督などを一元化する銀行同盟について「実現に向けて取り組む欧州の意向を支持する」と対応の鈍い欧州の背中を押した。その先には欧州共通債の発行など財政一元化の課題にも行き着く。

より強固な欧州統合へ向け道筋を明確に示すことが今、最も必要な点であり、それを具体化するのは、欧州自身である。今月28日からのEU首脳会議は、G20のいら立ちに応えて銀行同盟実現へ成果を挙げるか、重要な会議となる。とりわけユーロ圏実現の恩恵を最も享受しているドイツは、統合強化に向け応分のコスト負担をためらうべきではない。統合への意志の固さを確認した上で、市場の動揺を商機にしてうんざりするほど繰り返されるマネーゲームに終止符を打ちたい。

二十四　「日本再生戦略」画餅に終わらせるな　12年7月19日

政府は、2020年までの日本再生戦略の原案を公表した。1990年代以降、格差社会の深刻化やグローバル化への対応遅れ、デフレ経済からの脱却も実現できていない。さらに東日本大震災、東京電力福島第1原発事故の処理に直面している日本の再生には「国民全体が危機意識を共有し、前進する明確な意思を持つべき」と強調した。

その上で（1）経済の成長力強化（2）分厚い中間層の復活（3）世界におけるプレゼンス強化―を柱に、11の成長戦略と38の重点施策を打ち出した。

東北の復活や再生可能エネルギーの活用を日本再生の先駆例にするべきなどうなずける指摘は多いが、内実は各省庁の従来の主張を網羅した新味に欠ける内容だ。つまり問題の所在は自明だが、長年先送りされてきた政策があまりにも多いということでもある。野田佳彦首相は「原案は日本再生の道筋を示した」と強調したが、重要なことは個別施策の実現にある。

原案が２０２０年までの平均成長率を名目３％、実質２％との目標を示した上で、喫緊の課題に挙げたのはデフレ脱却だ。10年以上も続くデフレ傾向の責任を日銀は免れるわけにいかない。政府は「金融政策だけでは無理」との日銀の言い訳を容認する前に、当事者である危機意識をもっと自覚させるのが肝心だ。

新たな成長分野として、原案は医療・介護・健康で50兆円の新市場と２８４万人の雇用、環境で50兆円の新市場と１４０万人の雇用を創出すると予測。それにはイノベーションの喚起が欠かせないほか規制緩和、補助金などによる誘導がポイントとなるが、既得権益の突破力、財政再建との整合性が大きな課題だ。

中間層復活の目標は、格差の二極化で社会の安定層が細った点が背景にある。働き手の処遇面で企業の自覚を促す一方、税制面で高額所得層の累進税率強化が重要だ。消費税アップだけに注力しているように映る現政権の覚悟が問われる。

さらにアジア太平洋の成長を内需に取り込む戦略では、他国との経済連携協定（ＥＰＡ）の締結が不可欠だ。原案は、貿易に占めるＥＰＡ対象国比率を現在の18％から80％に引き上げるよう促しているが、環太平洋連携協定（ＴＰＰ）への参加を現政権が決められる状況なのか疑問だ。

再生戦略の多くは、自民党政権以来指摘されている点だが、重点施策が少しでも実現していればこんなに閉塞《へいそく》感の強い状況ではなかったに違いない。日本の再生を阻んできたのは、提示した施策を実現できないできた政治、政策決定戦略の欠如といえる。政権がこの先どう変わろうと、再生戦略の内容を「絵に描いた餅」で済ます余裕は、今の日本にはないはずだ。

二十五　「環境税導入」温暖化対策に弾みを　12年10月2日

２０１２年度税制改正で創設が決まった地球温暖化対策税（環境税）が10月から導入された。温室効果ガスの9割を占める二酸化炭素の排出抑制を図る目的で石油、天然ガス、石炭といったすべての化石燃料の利用に対し負担を求める税制だ。関連企業のコスト上昇要因になり、電気料金やガソリン価格などへの転嫁を通して家計の負担も増すことになる。

しかし化石燃料の利用者はすべて、温暖化の主因である二酸化炭素排出の当事者でもある。負担のしわ寄せを受けるとの被害者意識から脱して、加害者責任の一端を担う意識へ切り替える時だ。景気の停滞感などを背景に国民の関心が希薄化しつつある温暖化対策に弾みをつけるきっかけにしたい。

環境税は、石油、石油製品、天然ガス、石炭などあらゆる化石燃料に対し、二酸化炭素の排出量に応じた税率を適用。12年10月、14年4月、16年4月と3段階に分けて引き上げる。

具体的には、現行の石油石炭税の仕組みを活用し、それに上乗せする形で課税する。その結果、この10月からの税額は、たとえばガソリンや灯油などの石油製品で1キロリットル当たり250円、16年4月には760円となる。

家計の負担増は、税額が最終消費に転嫁されたことを前提に、エネルギー使用量を基にした単純試算で、当初は月33円だが、完全実施時点で月100円になる。税収総額は初年度約390億円、平年度ベースでは2600億円余を見込み、全額が省エネや再生可能エネルギー推進といった温暖化防止策に充当される。

環境税が、税収増を主眼とする消費税などと違うのは、化石燃料の値上げを招くことで、再生可能エネルギーへのシフト、化石燃料の節約、省エネ推進などの効果を内在している点だ。環境税の目的は、温暖化の原因である二酸化炭素の抑制にあるといってよい。

環境税のモデルである炭素税は、１９９０年代初めから北欧を筆頭に実施されているが、スウェーデンなどで二酸化炭素の排出削減が進み「炭素税効果」がもたらされたとの報告もある。日本は、京都議定書が義務付ける「２０１２年に温室効果ガスを１９９０年比６％削減」との目標期限まで残り少ない。これが達成できるかどうかはなお流動的だし「２０２０年に25％削減」の国際公約は絶望的な状況だ。

環境税が、化石燃料の節約・削減と、税収投入による再生可能エネルギー推進という一石二鳥の効果を生み、２０年には二酸化炭素が１９９０年比で0・5～2・2％削減されるとの試算もある。懸案だった新税導入が温暖化抑制に寄与するよう期待したい。

第二章

アベノミクス財政・金融に後遺症

一 「13年度政府予算案」遠ざかる財政健全化 13年2月1日

2013年度政府予算案が決まり、一般会計は前年度当初比0・3%減の約92兆6千億円となった。公共事業費を伸ばし景気浮揚効果を狙う一方で、財政規律維持に腐心し「今までと比べても締まったものにつくり上げた」と麻生太郎財務相は述べた。

相反する目的を実現するため苦心の跡はうかがえるものの、内実は、7月の参院選対策を意識した裁量が目立ち、財政健全化への道は一段と遠ざかったといえる。

歳出の中で優遇されたのは、15・6%増と最も高い伸びとなった、インフラの老朽化対策や防災などに充てられる公共事業だ。しかし経済再生の道筋を示す他の費目は、強いメッセージ力を示すほどに至らず、構造改革より目先の集票を優先した自民党の旧来型予算の印象だ。

選挙対策への配慮は、公共事業だけではない。民主党政権下で実施した高校無償化に対する「所得制限」公約を引っ込め、ばらまきと批判していた農業者戸別所得補償制度も実質継続した。

70～74歳の医療費窓口負担を2割に引き上げる決定はまたもたなざらしされ、1割に据え置かれた。防衛費は尖閣諸島の対応強化などで11年ぶりに実質増額、安倍カラーを示した。半面、地方公務員の給与財源である地方交付税を減額、生活保護費も生活扶助基準額を引き下げた。

一方、予算のフレームは、税収43兆円強に対し、国債発行はこれを下回り、民主党政権で3年間続いた国債が税収を上回る異常事態を脱却。予算総額も7年ぶりの減額となった。

しかしこれは、12年度補正予算案に一部を前倒し計上し、つじつまを合わせた数字である。補正と一体化した「15カ月予算」では、国債発行は48兆円と、前政権の上限枠44兆円を上回る。総額も100兆円を突破する大型だ。国債発行残高は13年度末に750兆円に膨らみ、財政悪化に歯止めは掛からない。

選挙で国民の歓心を買うためさまざまに予算で配慮してきた付けが、財政を悪化させた大きな要因であることは明らかだ。時の政権与党に大きな責任があることはもちろんだが、財政規律を守る防波堤となるべき財務官僚の責任も免れまい。

限られた歳入の中で効率的な予算配分をするのが本来の財政当局の腕の見せどころなのだが、現実には、選挙で信任された政権与党に押し切られ、ばらまきを取り繕っているのが実情ではないか。

国の台所番が、政治と二人三脚で財政規律のモラルハザードを引き起こしてはならない。財務省OBから頻繁に聞かれるようになった、現役に対する耳の痛い話に応えられるよう、財政当局の奮起を促したい。

二　「電力システム改革」政府は手綱を緩めるな　１３年３月29日

長年の懸案だった電力の制度改革がようやくスタートする。政府は、電力10社による地域独占の供給体制を抜本的に見直し、発電から家庭向けの小売りまで自由化する電力システム改革の基本方針を近く閣議決定する。

電力制度改革は過去にも検討されたことがあるが、東京電力の福島第1原発事故後に、供給の不安定化や料金上昇圧力など地域独占体制の弊害が表面化。世論の改革圧力に押される形で踏み切ることにした。市場メカニズムによる効率化と安定供給に向け大きな一歩となる改革に期待したい。

ただ、改革の工程表が終了するのは２０２０年がめどである。システム変更に猶予の期間が必要とはいえ、いかにも長い道のりだ。それまでに熱意が薄れ、骨抜きや先送りの動きが生じないよう、政府は改革の手綱を緩めるようなことがあってはならない。

改革は、広域間の電力融通体制の整備、家庭が電力を自由に選べる小売りの自由化、電力会社が所有している送配電網を切り離す発送電分離の３本柱からなる。いずれも、原発事故がなくても、取り組まなくてはならなかった課題ばかりだ。

電力融通では、東西日本で周波数が異なる戦後体制がネックとなり、原発事故後の電力の安定供給に支障をきたした。このため１５年をめどに広域系統運用機関を新設し、周波数の調整など電力融通を拡充する仕組みを整備。広域で電力需給を調整できれば、発電は効率化し各社間の競争も働き、料金引き下げを促す効果が期待できる。

小売りの自由化は、既存電力間の競争だけでなく、新規発電業者の参入も増やすことにより、16年をめどに家庭が電力を選択できるようにする。料金メニューも多様化し、利用動向次第で割安な料金にもなる。発電費用を料金に転嫁する電力各社の総括原価方式も廃止される。

とはいえ、現在でも企業向けの新規参入は、建前上は部分自由化されているが、電力各社が所有する送配電網の高い使用料等が壁となり停滞しているのが実情だ。

このため、全面自由化の決め手となるのが発送電分離だ。送配電部門を18～20年に電力各社から切り離した組織にする。これで、再生可能エネルギーなど新規発電の参入・競争が促される。

しかし経営の苦境が当分続きそうな電力各社に配慮して、自民党は当初の政府の工程表にあった「法案を2015年の通常国会に提出」を「(提出を)目指す」と後退させた。

電力の根強い政治力が、政権交代で復活したようにも映る。政府は電力自由化の実現に向け、政治力に屈することなく、今度こそ政策力を貫くよう強く求めたい。

三　「骨太方針」財政再建後退の懸念　13年6月18日

政府は経済財政政策の指針となる「骨太方針」を決めた。この方針はかつての自民党政権で最も重きを置かれた政策であり、4年ぶりの復活となる。今回は、看板政策の成長戦略を持続させるために、当時より一段と赤字が深刻化した財政の健全化が狙いである。

存在感は示せたか。機動的財政出動、大胆な金融緩和、民間主導の成長戦略というアベノミクス「三本の矢」が、参院選を強く意識、派手な意匠をまぶしているように見えるのに対し、骨太方針は実が乏しい。民主党政権時の数字を踏襲した総論にとどまった。

骨太方針のポイントは2点だ。1つは今後10年の平均成長率を名目3％、実質2％とした点だ。デフレ脱却が達成できる前提に基づき、過去の「失われた20年」の実績に比べてかなり高めの数字だ。財政健全化目標を達成するには、これだけ高めの成長率が不可欠とのつじつまを合わせた結果といえる。

二つ目は、肝心の健全化目標だ。政策経費を税収で賄えるかどうかを示す国・地方の基礎的財政収支の赤字を2010年度比で15年度までに半減、20年度までに黒字化する。それ以降、借金残高を国内総生産（GDP）比で引き下げるとの内容だ。これも従来目標の踏襲にすぎない。具体策に乏しく画竜点睛を欠く作文でしかない。

参院選前に国民に負担増を求める対策は得策でないとの判断を優先し、選挙後に具体策を盛り込む「中期財政展望」を示す方針だ。しかし国民に「苦い薬の効用」を訴え審判を仰ぐのが本来の政治の責任だろう。アベノミクスの副作用が早くも顕在化している中で、財政健全化目標も、先送りしている間に骨抜きになる懸念がある。

その要因は現在進行中の経済運営に内在している。アベノミクスの最終目標は、民間経済の再生による成長実現にある。財政出動や金融緩和の「二本の矢」は民需主導の経済が復活するまでの時間稼ぎにすぎない。しかし現実には、住宅ローンや輸入物価の引き上げなど国民負担増が先行。規制緩和が頼みの成長戦略も、薬のネット販売解禁など以外はインパクト不足で、投資減税の前倒し検討を表明せざるを得ない始末だ。市場は緩和マネーの投機に見舞われ、一時の期待感もなえた。

こうした中、来年4月からの消費税アップの最終判断時期が秋に迫る。決断すれば、景気を下押し、財政に負荷を掛ける。先延ばしすれば、財政再建は遠のき、国際的信認を失い日本経済に大打撃となる。気合や勢いで疾走してきたようにみえる安倍晋三政権の「三本の矢」は放たれたが、財政健全化が袋小路に入り、打つ手なしとなる事態だけは避けたい。

四　「日銀景気回復宣言」再び　「実感なき」の懸念も　13年7月17日

依然まだら模様の景気が続く中で、日銀は金融政策決定会合で事実上の景気回復宣言に踏み切った。政権と二人三脚で成長路線へアクセルを踏む黒田東彦総裁が、政治的配慮で前のめりの判断をした印象がぬぐえない。

日銀によれば、大企業の収益向上や設備投資の持ち直しなど「前向きな循環が働き始めている」ことを回復の理由としている。しかし、地方経済や中小企業の回復感はいまだに乏しい。

とりわけ景気の自律回復に不可欠な個人消費を左右する家計に関しては、むしろ輸入物価や電気料金の上昇、さらには来年4月に見込まれる8％への消費税増税など負担要素が増える一方だ。

円安効果で収益が上向いている大企業は蓄積した約100兆円とも見込まれる内部留保を抱えたままで、家計への恩恵波及は鈍い。戦後最長ながら「実感なき景気回復」と言われたリーマンショック以前の約6年間と「分配」の基本構造に変化はない。今のままでは今回も再び同じ道をたどる懸念がつきまとう。

日銀の宣言がいかに楽観的なシナリオかは、現在の経済環境をみれば一目瞭然だ。頼みの輸出は欧州の回復遅れに加え、中国が景気の失速で輸出入とも減少傾向だ。原油も、円安に加えて中東混乱で1バレル＝100ドルを突破。不安定な根拠に支えられた回復の道筋は、不透明感に覆われやすい。

秋口には消費税増税の最終決断が控える。景気の回復遅れで増税延期という事態を避けるため、政府は参院選後に企業の投資減税などを柱に成長戦略の追加策をまとめ、何としてでも予定通り引き上げを実現する構えだ。企業が景気回復の原動力であるからだが、消費動向が最大の景気要因である以上、政府は家計への逆風も放置できまい。

「アベノミクスが出そろい、今度は企業に内部留保を吐き出すよう促す」（政府関係者）との声が聞かれるが、政府の指導力が問われる番でもある。企業の膨大な内部留保は、グローバル競争や金融機関の貸し渋りへの備えのためではある。

しかしここ10年余りで企業利益が倍増したのに対し、賃金は減少傾向にある。賃金分配率を抑えた結果、足元の内需の基盤が弱体化、景気全体の浮揚力が衰えたのが日本の現状である。リストラや技術力向上で労働生産性が上昇した分は賃金に反映させるのが筋だ。

企業の多くはこの夏のボーナスで応えたが、家計消費の持続的拡大には、所定内賃金の改善が欠かせない。厚生労働省の審議会は近く２０１３年度の最低賃金時給額の大幅引き上げを答申する。当然のことだ。賃金は労使合意が基本だが、賃金分配率の向上というハードルを越えない限り家計も景気も勢いづかない。

五 「中期財政計画」健全化の熱意あるのか　13年8月13日

財政健全化の道筋を示す中期財政計画がまとまった。過去の計画が、リーマンショックなど環境激変のたびに頓挫・破綻を繰り返すうちに、日本の借金は国内総生産（ＧＤＰ）の2倍、1千兆円余と先進国の中で突出した。今度こそ再建のめどが立つのだろうか。

発表された計画をみる限り、残念ながら、健全化に向けた取り組み姿勢に熱意が感じられない。計画は、政策経費を税収でどれだけ賄えるかを示す国・地方の基礎的財政収支の見通しを2段階で提示。２０１５年度までにＧＤＰに対する赤字の割合を１０年度比で半減。このために国の収支は１４、１５両年度に4兆円ずつ計8兆円改善し、新規国債発行も前年度を上回らない。２０年度までは、１５年度までの取り組みを踏まえて黒字化の具体的道筋を描く、との内容だ。

収支改善目標を達成するため、具体的にどの歳出をどれだけ減らすなどの道筋を示してこそ初めて「計画」と呼べるが、今回の内容は「１５年度赤字半減」に必要な数字を単純に置いただけだ。「２０年度黒字化」に至っては、名目経済成長率を約3％とした試算でも達成は事実上難しい。

いわば「腰だめの計画」を見切り発車せざるを得なかった、苦しい事情にも察しが付く。4月の20カ国・地域（G20）財務相・中央銀行総裁会議で日本に対し「信頼に足る財政計画」策定の宿題が出され、安倍晋三首相が答案を示さなければならないG20首脳会議の期限が9月に迫っている。

その一方で、財政健全化の目玉であり、１４年４月と１５年10月の２段階で実施する消費税増税は、景気の腰折れ懸念から慎重論も根強い。首相も最終決断を下していないため、中期計画の書き込み不足となった面が強い。国際通貨基金（ＩＭＦ）は消費税増税の予定通りの実施が必要と指摘。さらに「１５年以降、消費税率を15％に引き上げるべきだ」との圧力も加えた。

評価に堪える計画の策定が固まらない中で、足元では歳出の大盤振る舞いが目立ってきた。１２年度一般会計の剰余金１・３兆円は国債の償還には充てず、全額を１３年度補正予算に回すという。１４年度予算の概算要求基準でも３・５兆円もの特別枠を設定。震災復興関連は上限を定めないなど歳出圧力に歯止めが利かなくなっている。消費税増税が実現しても、国土強靭《きょうじん》化の歳出増攻勢にのみ込まれかねない。健全化への熱意のなさが見透かされれば、国債暴落の懸念が高まる。一体、政治に危機感はあるのか。国民の負担増ばかりに頼らず、スリム化による財政強靭化こそが日本再生の決め手だ。「腰だめの計画」を、信頼に足る指標に見直す必要がある。

六　「リーマンショック５年」暴走マネーが世界を壊す　１３年９月13日

リーマンショックから丸５年の９月15日を前に、20カ国・地域（Ｇ20）首脳会合がロシア・サンクトペテルブルクで開かれた。米大手証券、リーマンブラザーズの破綻から危機が連鎖し、世界恐慌に陥るのを防ぐため米ワシントンに招集された緊急会合以来8回目。Ｇ20の政策協調で世界経済は立ち直ったのか。

日米欧に回復感は出始めたが、米国が先行して金融緩和政策を平常時に戻す局面が近づき、新興国からの大量の資金流出で新たな波乱を招いた。投機マネー（資金）が世界経済のリスクになっている現実に変化はない。

首脳宣言は、投機的運用に利用されがちな金融派生商品の規制について「解決の加速化」を促したが、事実上専門会合の結論待ちにとどまった。

５年前の危機に、返済能力の低い住宅ローンを基に「ローリスク・ハイリターン」に設定した金融商品の暴落で同社が破綻。欧米の金融機関と南欧諸国の債務危機に波及したが、Ｇ20の協調で、欧州への金融支援や安全網整備、日米欧の金融緩和策等により危機は沈静化。震源地だった米国は住宅市場の回復から景気は好転している。世界最大の市場である米国経済の復活は、世界全般に好影響を与え、下降気味の新興国経済にもプラスの連鎖をもたらすというのが実体経済面からみた理屈ではある。

しかし現実はどうか。首脳会合で新興国が懸念表明したように、インド、ブラジルは日米欧が取った金融緩和で資金が流入。通貨高が景気減速に追い打ちを掛けたところに、米国の緩和政策の縮小見通しで一転して大量の資金が流出した。過度なマネー暴走が、新興国の景気減速と物価上昇のひずみを増幅、一国の金融政策では制御が難しくなっているのが実情だ。

背景にあるのが、実体経済活動の裏付けだったマネーの急膨張だ。世界の金融資産は21世紀に入って倍増し170兆ドル規模、世界の国内総生産（GDP）全体の約3倍に達したとも言われる。黒子役を脱し、世界にあふれたマネーから投機に向かう分が、リーマンショック、欧州債務危機を生み、今また新興国を翻弄《ほんろう》している。国の政策や実体経済が、強欲へと純化した金融資本主義に振り回されているともいえる。

危機が繰り返されるのは、危機対応が、支援枠組みの充実など事後策の整備にとどまり、肝心な危機の未然防止に不可欠な金融取引の規制が、「金融先進国」の英米の消極姿勢で進展しないからだ。規制実行が宙に浮いたままだと、新たなバブルが世界をのみ込み、取り返しのつかない破局に直面するだろう。次回の首脳会合までに、5年来の宿題である規制の具体的内容を固めたい。

七　「気候変動報告書」温暖化の警鐘に応えよ　13年10月10日

地球温暖化は確実に進行し、異常気象の影響は深刻化している。国連の気候変動に関する政府間パネル（IPCC）第1作業部会は、このほど温暖化に関する第5次報告書をまとめた。2007年の第4次報告書に比べて、温暖化が加速している実態に不安感が増す。

IPCC報告書は、世界の科学者の最も新しい知見を基に、温暖化の実態や対策の指針をまとめたものだ。生態系維持のため、18世紀の産業革命前に比べて2度以内の上昇に抑えることを目標にしているが、今回の報告は12年までに既に0・85度上昇（第4次報告時は0・74度）、南極の氷床はじめ世界中の氷河が縮小し、海面水位も19センチ上昇していると指摘。海水温も上部だけでなく、新たに深層での上昇の可能性が高いと強調した。

温暖化の原因は二酸化炭素やメタンなど人為的な排出ガスで、過去80万年で前例のない水準まで増加。大気中の二酸化炭素濃度は産業革命前に比べ40％増加したという。

今後は「中緯度の大陸の大部分や湿潤な熱帯地域で極端な豪雨が頻発する可能性が高い」と予想。効果的対策がなければ、今世紀末に気温は最大4・8度、海面は82センチ上昇すると警告した。

温暖化による生態系の危機は許容限度に近づいているとのＩＰＣＣの警鐘に対し、肝心の対策の方はどうか。年々激しくなる猛暑や暴風雨などの異常気象が恐怖をまき散らしているのに、元凶の温室効果ガス削減の枠組み作りは、停滞どころかむしろ後退している。

国連の気候変動枠組み条約締約国会議（ＣＯＰ）は6年前の第4次報告書を基に、20年に先進国の排出ガスを1990年比25～40％削減、2050年には世界全体で半減（先進国80％）を想定して交渉を始めたが、合意できなかった。

現在は京都議定書の削減枠組み延長でつないでいるが、米中など主要排出国は削減義務を課せられない尻抜け状態だ。15年にすべての国が参加する新枠組み合意を目指して、今年も11月にポーランドで第19回締約国会議（ＣＯＰ19）が予定されている。本格交渉は、ガス削減の指針を示すＩＰＣＣ第２、第３作業部会の報告書がまとまる来年まで持ち越すだろうが、削減に向けた米中の強い熱意に期待したい。

京都議定書から離脱した日本は、民主党政権で掲げた25％削減を「現実的でない」として、いったん撤回し、新たな削減案の提示を検討している。原発の停止にかわり火力発電が主力になっている現状では、排出ガスの削減効果が上がらないからだ。しかし、だからこそ、原発に戻るのではなく、環境に負荷を掛けない再生可能エネルギー普及に注力し、削減に貢献するのが筋だろう。

八「１４年度政府予算案」財政再建いつやるのだ　１３年12月27日

２０１４年度政府予算案は、アベノミクス効果に17年ぶりの消費税引き上げが加わり、大幅な税収増が見込まれる。膨大な財政赤字削減に大きな一歩を踏み出す絶好の環境なのに、出来上がった予算案は、過去最大の約96兆円に膨らんだ。

増収分が、借金返済に回るよりも、消費増税に伴う景気減速を理由にした歳出増の呼び水となり、皮肉にも財政規律を一段と緩ませる作用をもたらした。こんなことでは、歳出削減が前提となる財政健全化は、いつになっても無理だろう。

予算案の骨格は、税収が消費増税分の4兆5千億円を含めて約7兆円、16%も増加し、50兆円を見込む。税外収入を4兆6千億円計上し、新規国債発行は1兆6千億円減の41兆円余となる。税収がリーマンショック前の07年度水準に回復する見込みなのに、新たな借金が微減で、国債残高が780兆円に膨らむのは、増収分の大半を歳出面での大盤振る舞いに充てたからだ。

歳出項目では、72兆6千億円の政策経費のうち最大の社会保障費は抑制が効かず、4・8%増と初の30兆円突破。医療費負担に直結する診療報酬の改定では、削減を主張した財務省を、与党が押し切り0・1%のプラス改定となった。

公共事業は、12・9%と現政権下で2年連続増加の6兆円。消費増税による景気減速への配慮は必要だが、これほどの手厚さは度が過ぎる。防衛費も、2・8%増の4兆9千億円と2年連続伸びたほか、エネルギー、教育など主要項目は軒並みプラスとなった。

日本経済が直面しているのは、財政健全化とデフレからの脱却という両立が極めて難しい課題である。予算上でこの微妙なバランスを貫くためには、民間主導の自律的景気回復に主眼を置く施策のほかは歳出を絞り込み、税収増加分は極力国庫の借金の返済に回すのが筋であろう。「先進国中最悪の財政を健全化しなければ、日本はもたない」と訴えた政府に、国民も同調したからこそ、14年4月からの8%への消費増税が実現したのを、忘れていないか。

構造的にも、製造業の海外移転や生産年齢人口減少により、法人税や所得税に今後大きな期待はできない。消費税引き上げにも限度がある中で、税収増の恩恵は歳出増に回すより、歴代政権で累積した赤字削減に充て、身の丈に合ったスリムな財政に転換すべきだ。

その時機が到来している今、財政悪化の責任を取るべく健全化に着手しないで、一体いつやるというのか。消費増税に国民が同意した意味を忘れたかのような緩みようでは、15年10月に予定している10％への消費税再引き上げは、到底世論の理解が得られまい。

九　「黒田日銀総裁1年」デフレ脱却へ正念場だ　14年3月25日

デフレから脱却し、日本経済を成長軌道に乗せるという歴史的使命を背負って登場した黒田東彦日銀総裁の就任から1年。日銀が、それまでの2倍の資金を市場に供給する異次元の金融緩和に乗り出したことをきっかけに、弱気だった市場心理は一変。期待先行で、まずは円安株高が進み、輸出企業の収益拡大、大手企業の久々のベースアップ、消費マインドの好転と次々に実体経済の改善へ波及している。

総裁は、就任前にマイナスだった消費者物価を2015年に2％上昇させる目標を掲げ、この1月には1・3％まで上昇した。このほど行った講演で「2％目標に向けた道筋を順調にたどっている」と強調。日本経済は、総裁が指摘する通り、前向きな循環メカニズムを伴い回復を続けているようにみえる。

しかし、劇的緩和策がもたらしたのは、手放しで評価できる面ばかりではない。物価は経済の実力を示す尺度との観点に立てば、現在の上昇は、円安や原油などの原燃料コスト高に由来する「悪い物価高」の側面が強い。所得増により消費などの需要が引っ張る「良い物価高」には不十分なのが実情だ。ベアは、全就業者の7割近い中小零細企業の社員にまでは行き渡っていないし、厚生労働省統計の基本賃金は、逆に下がり続けている。

さらに4月の消費税増税で、それまでの駆け込み需要の反動減が顕在化するのは必至。「2年間で2%の物価上昇」は困難との慎重論も根強い。一方で、1月の公示地価は3大都市圏が6年ぶりの上昇となり、地方にまで波及し始めた。資産価格のミニバブルがささやかれ、その背景に緩和マネーによる副作用の兆しが指摘される。需要拡大への好循環に不可欠なのは、政府が6月にまとめる農業や医療などの「岩盤規制」を打破する成長戦略の実現だ。デフレ脱却の本気度を占う鍵となる。

日銀の緩和策は、個人や企業の「期待」を刺激し、新たな需要に点火するまでの時間稼ぎの面が強い。しかし今後景気に一服感が出て、追加緩和策が迫られるようだと、副作用が拡大する懸念もある。

総裁を「理屈が先行し物事を演繹《えんえき》的に考える性格」と指摘する向きもある。異次元緩和の根底にあるのはまさに「物価が上がるとの期待に働き掛ければ、需要が喚起されるはず」という新自由主義経済学の発想だ。さらにこの経済学には、理論通りに現実が展開しなければ「現実の方がおかしい」とする思考法がある。学者ならそれでも済むが、現実の金融政策に責任を持つ日銀総裁はそうはいかない。

目標達成を目指す一方で、バブルの芽吹きも放置するわけにはいかない。黒田総裁の正念場が迫りつつある。

十　「温暖化防止報告書」次世代への責任果たせ　１４年４月22日

国連の気候変動に関する政府間パネル（ＩＰＣＣ）第３作業部会が、このほど地球温暖化を防ぐための第５次報告をまとめた。環境への悪影響を避けるため気温の上昇を18世紀の産業革命前に比べ２度未満に抑えるには、温室効果ガスを２０５０年に40～70％削減（１０年比）する必要があるとの内容だ。

０８年から１２年までの京都議定書の削減義務は一定程度の効果があったものの、排出ガスは年々増加しており、０７年の第４次報告に比べて一段と厳しく見積もった。昨秋以降、海面上昇など温暖化の影響や被害予測と対策に関する第１、第２作業部会報告が発表されており、今回の温暖化防止報告で第５次報告は事実上出そろった。

温暖化の原因となる二酸化炭素を主成分とする排出ガスは増え続け、大気中濃度は１１年に４３０

ＰＰｍと算出し、今世紀末に４５０ＰＰｍであれば2度未満に収まると予測。そのためには排出ガスを、５０年に少なくとも40％削減、今世紀末にほぼゼロにする必要があると指摘した。現在各国が個別に取り組んでいる自主削減目標では、２度未満になる確率は5割以下として、厳しい削減の新枠組みを暗に求めている。

報告が、具体的な削減分野の最重点に挙げたのが、発電での転換促進だ。低炭素エネルギーを５０年までに3～4倍に拡大することが不可欠とし、そのためには「大規模に普及するまでに技術が成熟した」再生可能エネルギーに期待を込めた。原発は低炭素化への貢献とリスクの両面を指摘するにとどめた。

石炭火力から、排出ガスの少ない天然ガス発電への切り替えも求めた。中でも注目されるのは、火力発電が排出する二酸化炭素を回収して地下に貯留する新技術（ＣＣＳ）を、早急に実用化すべきだと強調した点だ。世界で現在取り組んでいるこの回収・貯留技術の実用化が、温暖化の脅威と原発リスクを同時に解決できるのであれば大歓迎だ。

また温暖化防止策は、消費に幾分マイナスだが、健康や生態系、資源、エネルギーシステム強化に大きな利点があると強調した。低炭素社会化に向け、世界に価値転換を迫っているといえる。今年12月の第20回気候変動枠組み条約締約国会議（ＣＯＰ20）は、今回の報告を基に、排出ガス削減の新枠組み交渉に入る。これまで先進国と途上国が温暖化の責任をめぐり対立している状況を打破し、二酸化炭素を封じ込めなど新技術普及面での協力も含めた交渉手法も交え、来年の新枠組み採択に道筋を付けてほしい。問われるのは、これまでの責任の押し付け合いでなく、次世代に対する温暖化阻止の強い意思と責任だ。

十一　「GDP大幅減」構造的要因を直視せよ　14年8月14日

景気回復のテンポに変調が生じつつあるのではないか。4～6月期の実質国内総生産（GDP）速報値は、前期比1・7％（年率換算で6・8％）の大幅減となった。

2四半期ぶりに拡大基調が途切れ、一転して大幅なマイナスとなったのは、消費税増税前の駆け込み需要で高い伸びとなった前期（1～3月期）の反動減という面はある。政府は今回の数値について「反動減の範囲内」の一時的後退とみて、景気の先行きに依然強気の姿勢を崩していない。しかし、足元の7～9月期に入っても、消費や輸出などはさえない状況が続く。成長の大幅ダウンがはらむ構造的変調を直視すべきだ。

構造問題は、消費、設備投資、輸出といった主な需要項目すべてで浮き彫りになった。今回の変調に大きく影響した個人消費は、2・0％増だった前期から一転して5・0％減となり、増税後の反動減を象徴する。しかし「その分回復も早い」との予想を裏切って、戻りは鈍い。夏のボーナスは増えても、実質所得は物価高で目減りを続け、さらに少子化進行で購買力のパイの縮小が続く。増税後の復調に期待できる状況にはみえない。

経済の活力源となる設備投資も、5四半期ぶりに2・5％のマイナスに転じた。自動車やパソコン等の電子・通信機器の投資の落ち込みが響いたようだ。製造業の設備投資で本年度2桁の伸びを見込む金融機関の予測でも、内実は、雇用創出効果の大きい新規などの「能力増」投資よりは、「維持・補修」が中心とみる。人件費の割安な国外への生産拠点の移転に伴い、国内の設備投資にかつてのような力強さが戻ることは難しそうだ。

輸出と輸入の差である外需のGDP寄与度は1・1％分のプラスだったが、原油・天然ガスなど輸入の大幅減が貢献したためだ。輸出は息切れし、0・4％減少した。自動車生産などの国外移転の影響がここにも出ている。輸出が主導してきた日本経済の回復パターンは、過去のものになりつつある。それどころか貿易収支の赤字を海外法人などからの収益でカバーして経常収支を黒字化する成熟国型のやりくりも2013年下期、14年上期とも赤字に転落。深刻な財政赤字とともに国の基盤が損なわれつつある。

7〜9月期は、大幅減だった今期がベースとなるため再浮上が見込まれる。来年10月に消費税の再引き上げを最終判断する時期と重なってくるが、日本経済の本当の実力を見誤ったまま判断すれば、事態をいっそう深刻化させるだけだ。

十二「日銀が追加緩和」デフレ脱却に危うさ　14年11月5日

消費税アップを境に、回復に向かっていた景気の逆回転が明らかになりつつある中で、日銀が金融の追加緩和に踏み切った。

長期国債の買い入れを30兆円増やし80兆円にすることや、上場投資信託（ＥＴＦ）と不動産投資信託（ＲＥＩＴ）の買い入れ額を3倍に増やすことなどで、これまでより年10兆～20兆円多いペースで市場に資金供給するとの内容だ。黒田東彦日銀総裁は「デフレマインドの転換が遅延するリスクを防ぐため」と理由を述べた。

昨年4月の異次元の緩和で膨らんだデフレ脱却の期待は、消費税が引き上げられたこの4月以降、2％を目標とする物価上昇が消費などの需要不足で足踏み。追加緩和が視野に入ろうとした矢先に、市場の意表を突いたタイミングが奏功し、円安株高の動きに再点火したのは事実だ。

しかし、実体経済の回復が伴わない状況で、期待に働き掛けて金融主導でデフレ脱却を図ろうとして、成果があまり上がらなかったのが前回の緩和からの局面だ。

今回の追加緩和に、賛成5人に対し反対が4人も出たことが、効果への疑問、むしろバブル懸念の高まりを示していよう。総裁の「今がまさに正念場だ」との発言は、緩和効果に対する不安もにじむ。

日本がデフレ脱却にもがき、いまだに追加の金融緩和策を打たざるを得ないのとは対照的に、米国は一足先に量的緩和の終了を決めた。リーマンショック以降続けた緩和で景気は回復軌道に乗ったとの判断からだ。米国の緩和策の根幹も日本と同様、需要増の期待に働き掛ける手法だ。しかし手法は同じでも、期待を生む土台が全く違う。

人口が増加基調にあり、工場などの企業進出など国外からの直接投資が拡大傾向をたどっている米国に対し、日本が直面しているのは、少子高齢化、国内産業の空洞化という需要減少の構造だ。企業への賃上げ催促や女性労働力の活用、国内投資への誘致などに注力してはいるものの、即効性は期待できない。

需要構造に米国と差異がある以上、期待への働き掛け効果にも限界がある。そうした中での日銀自身が「成長軌道に乗せるまでの時間稼ぎ」と認める量的緩和の追加。その狙いは、一時的にせよ景気回復への期待を盛り上げ、来年10月からの消費税再引き上げ決断の環境整備を図ることにあるのは明白だ。市場偏重の追加緩和が、その代償として、日本経済を丸々市場のリスクにさらしかねないことを懸念する。

十三　「日独財政格差」政府の責任感の違いだ　１５年２月25日

ドイツの２０１４年予算は、45年ぶりに国債を発行せずに収支均衡を達成した。国内総生産（ＧＤ

P）の7割に上る債務残高も今後減少に転じそうだ。一方日本は、債務残高がGDPの2倍の1千兆円を超えた。15年度予算案でも、歳入の4割を国債による借金で賄い、財政は破綻寸前だ。

戦後70年。敗戦国として壊滅的な打撃を受けた日本とドイツの経済は、ともに奇跡の躍進を遂げたが、その過程で財政力だけがなぜこれほど優劣がついてしまったのか。20年もデフレ状態から脱却できないでいる日本に対し、ドイツはユーロ圏の中で独り勝ちという最近の経済環境の違いはある。しかし、根本には、財政規律に対する政府の責任感の違いがあるのではないか。

昨年来ドイツ財務省は「15年予算で新規国債発行がゼロとなる」と宣言していたが、この1月に、収支均衡は14年に前倒しして達成できたと発表した。対欧州連合（EU）諸国はじめ堅調な輸出に支えられた企業などからの税収が予想以上に増加したためだ。

しかし税収が増えてもその分歳出が増えれば、収支均衡は難しい。ドイツ政府には大戦の教訓から、財政規律を順守する意思が刻み込まれている。EUの共通基準にも、単年度の財政赤字はGDPの3％以内、債務残高は同60％以内との目標がある。ドイツはさらに、リーマンショックで財政が悪化した09年に、収支均衡を16年までに義務付けた法改正を断行。今回の国債ゼロは法に従って粛々と努力した結果だ。

日本は、バブル経済破綻の対応で1990年代後半から赤字国債の発行が急増、目立った効果が得られないままリーマンショック後のばらまきで一段と財政が悪化した。

２０１５年度予算案は、円安株高効果により24年ぶりの高水準となる税収を見込み、新規国債の発行を４兆円削減したが、歳出抑制はきかず借金はさらに膨らむ。２０年度に基礎的収支黒字化を目指す目標は断念していないが、ドイツのような法的拘束力はない。消費税率を10％に上げても、目標の先送りは避けられまい。歴代政権が痛みの伴う均衡策に踏み込まず、つけは後世代に回す。政府を担う政治家や官僚に責任の自覚はあるのだろうか。

政府の一部からは「債務残高は1千兆円でも、１６００兆円に上る国民の金融資産があり大丈夫」との楽観論も聞かれる。しかしこれこそ、「政府の債務」を「国民の財産」で相殺可能とする暴論だ。責任感の欠如を端的に示す象徴だろう。

十四　「社外取締役の功罪」官僚天下りの拡大も　１５年3月12日

東京証券取引所はこのほど、外部の視点を企業経営に反映させるため、1、２部上場企業約２４００社すべてに対し、社外取締役を２人以上に増やすよう促す上場規則をまとめた。６月からこの新ルールを実施する。

政府は、国外からの投資を促す一環として、欧米流の企業統治法である社外取締役の登用を１人以上促す改正会社法を５月から施行する。東証の新上場規則は、これを一歩進め、社外取締役機能の強化と定着を図る。

優良と言われながら、たびたび不祥事が起きる企業に共通しているのは、問題が発覚しないよう社内で隠蔽《いんぺい》するなどの内向きな体質だ。社外取締役を登用する企業統治の方向は、内向きの隠蔽体質を透明性のある法令順守型に改善し、加えて株主を重視した収益力の強化にもつながるだろう。グローバル化で、企業統治のあり方も国際標準に近づけるよう促すのは当然のことだ。

問題は社外取締役に登用する人材の質だ。外部からのアドバイスや監視役という制度だけを拡充しても、それなりの見識を有する人材を確保しなければ機能しない。既に相当数の上場企業が社外取締役を導入しつつあり、企業の実務経験者や官僚、学者、法曹関係者、会計士が主な供給源となっている。中でも、多数の人材を有する官僚出身者が圧倒的に目立っているのが実情だ。掛け持ちも認められており、延べ数百人との説もある。

政府系機関などに対する天下り規制の強化に伴い、細っている官僚OBの再就職先の受け皿役になっている実態もある。出身元の省庁が、所管の企業にOBの就任を打診するなどして、月数日の出勤で1千万円近くの年収が保証される。企業には「お飾りにすぎない」との冷めた声もある。

今回の新ルールが適用されると、さらに3千人超の社外取締役の枠を埋める必要が出てくる。官僚OBには一層の売り手市場になることが予想されるため、玉石が交じり、かえって企業に重荷となる懸念もある。

一方で、官僚ＯＢはその道の知見を有するため、うまくマッチすれば、業績向上に寄与し、お目付け役の機能も強化するとの見方もある。しかし、それはそれで別な問題も生じそうだ。上場２４００社にずらりと官僚ＯＢのお目付け役が就く光景は、まるで国家資本主義そのものではないか。

社外取締役が、事実上の官僚天下りの受け皿になっては、透明性と収益力を高める本来の狙いからずれかねない。やはり実務に通じた人材が多く登用されるよう望みたい。

十五　「電源構成比」原発回帰の説得力欠く　１５年5月1日

政府による２０３０年の電力総発電量の電源構成比率が固まった。数値明示は、温室効果ガスの削減幅や原発の稼働に絡むため、東京電力福島第1原発事故後見直していたが、このほど化石燃料56％、再生可能エネルギー22～24％、原発20～22％とする内容で調整がついた。

ポイントは、対外公約である温室効果ガス排出の削減目標上積みと、世論が求めている脱原発の展望という二つの課題への対応だ。化石燃料を事故前の62％から6ポイント減らす今回の数値だと、３０年度の削減目標は０５年度比では欧米の目標に及ばないため、１３年度比26％削減とした。年末の気候変動枠組み条約締約国会議（ＣＯＰ）での削減交渉のベースになるか流動的だ。

原発の方は、事故前の比率29％を下回るが20％台は維持した。脱原発への道筋どころか事実上、原発回帰を明確にした数値といえる。

事故前に10％だった再生エネの比率を最大限高めることで、排出ガス削減増と脱原発の展望を示すのが世論に沿った政策のはずだ。環境省は、送電網などの整備で欧州並みに、総発電量の35％は再生エネで賄えるとの試算を示した。しかし、政府が最終的に選択したのは、原発活用の政策だ。前面に押し出した理由は、全電源の中で最安価で、家計や企業に負荷が少ないとのコスト論だ。

果たして、原発の発電は割安だとするコスト計算の根拠は確かなのか。政府は11年の見直しで1キロワット時当たり8・9円に引き上げた原発コストを、今回さらに10・1円に修正した。核燃料サイクルの研究費を算入、事故の損害賠償費や安全対策費用も上積みしたためだ。半面で、安全対策の強化を理由に事故確率を40年に1回から80年に1回とするコスト削減要素も加味した。その結果、12・5円以上とする太陽光発電より割安と強調する。

しかし賠償額など事故後の対応費用は、今後どこまで膨らむのかめどが立っていないのが実情だ。今後の電力自由化で原発コストが割高になり、さらに放射性廃棄物の処分費用などを含めれば、最も「高くつく電源」という見方が根強い。再生エネが「ベストだが割高」というのなら、原発推進に活用したように政府の「エネルギー対策特別会計」で負担軽減策を講じる手もある。「初めに存続ありき」とばかりに原発の割安さを演出しても、説得力に欠ける。原発事故を踏まえエネルギー政策の転換という、国民の負託に応える政治的意思が全く見えない。

十六　「景気動向」成長戦略に黄信号　15年8月25日

4〜6月期の国内総生産（GDP）速報値は実質で前期比0・4％減少、3四半期ぶりのマイナス成長となった。昨年4月の消費税増税時を底に景気は徐々に上向いていたが、回復の足取りの重さがあらためて浮き彫りとなった。

甘利明経済再生担当相は「一時的な要素が大きい」と強調するが、現政権下で発表された四半期ごとのGDPは、11回のうち5回がマイナスだ。

政府は、アベノミクスの成長戦略を推進中だが、所得の底上げは期待ほど浸透せず、財政再建も実力以上の成長を基にした目標で、前途多難だ。しかも、中国経済の不安に端を発した世界的株安が日本も直撃。景気の足踏みが続けば、回復への期待感より、破綻リスクの方が膨らみそうだ。

4〜6月期は内外とも消費税増税のような特段の波乱要因がない割には、輸出は4・4％の大幅減少で、個人消費も0・8％減と2本柱が不振だった。円安による輸出効果が、生産拠点の国外移転の影響で期待を裏切っている半面、輸入品の値上がりで家計の節約志向の定着がうかがわれる。円安誘導の意図が裏目に出た面も大きい。

7〜9月期には、個人消費は回復するとみる向きは多いが、大企業中心だった賃金上昇が中小企業や地方にどこまで浸透するか不透明だ。輸出も、中国経済の調整期入りが鮮明化したことに加えて、日中貿易の拠点港である天津の爆発事故の影響が後を引きそうだ。ＧＤＰの落ち込みが一時的かどうかは疑問だ。

景気の停滞感が続くと、アベノミクスに潜むリスクも顕在化しそうだ。首相は、株式組み入れ比率を高めた年金積立金管理運用独立行政法人が、２０１４年度に15兆円の利益を上げたとして、アベノミクスの成果を誇る。だが株式市場が下降局面に入ると、年金は多額の含み損を抱えかねない。

成長軌道に乗せるまでの時間稼ぎ役でしかない異次元の金融緩和や、財政再建に配慮すべき歳出配分にも、一層の負担がかかる公算が大きい。しかし、日銀による国債買い取りという事実上の財政ファイナンスで、市場機能は既にまひ状態にある。来年度予算も、一時的な税収増に期待して膨張すれば、２０年度の財政再建目標は先送りされ、財政破綻に一段と近づくことになる。

成長戦略には、農業、医療、環境などの岩盤規制改革が不可欠で、強い政治的意思で断行すると政府は表明したが、政権のエネルギーは安保法制審議に注がれ、取り組みは鈍い。成長戦略は既に黄信号がともっている。

十七　「ＧＤＰ６００兆円」現実離れした目標　15年10月19日

政府が閣議決定した強い経済、子育て支援、社会保障の「新三本の矢」の中で、「（２０２０年度に）

国内総生産（GDP）600兆円」の目標が波紋を広げている。

直近のGDPは4～6月期の年率換算499兆円で、デフレ脱却もまだ実現していない。安倍晋三首相応援団の経済界さえ「あり得ない数字」(小林喜光経済同友会代表幹事)、「現実的にちょっと無理」(三村明夫日商会頭）と疑問視する。

首相も「野心的な目標」と認めるが、石破茂地方創生担当相は「目標は達成するためにある。華々しく数字さえ打ち上げればいいというものではない」と指摘する。

荒唐無稽との批判を抑えるため、政府は今後、労働市場での女性活用など成長底上げの肉付け作業に入る。しかし、これが歳出圧力となり財政に過度な負荷がかかれば、日本経済のひずみが一層拡大する懸念が強い。

600兆円目標は、1960年に池田勇人首相が唱え、10％超の経済成長を追い風に実現した「所得倍増計画」を意識している節がある。

計算上も一応根拠がある。2020年度に基礎的財政収支の黒字化を目指す骨太方針は、名目成長率3％が前提。GDPもこの伸び率で試算すれば、20年度に約600兆円となる。しかし、その3％は92年度以降、一度も届いていない高い伸びだ。黒字化達成は到底無理、600兆円も政治的スローガンで終わるという見方が常識的だ。

かつての所得倍増は、人口増と旺盛な国内需要に支えられ、投資が投資を呼び、豊富な労働力が供給できた60年代だからこその奇跡だ。その後「一億総中流」意識が浸透する基ともなった。

現在は少子高齢化に加え、投資意欲は国外に向かうなど、当時と基礎的条件が激変している。1億総活躍担当相が、「奇跡再び」の音頭を取っても、経済構造の変化は無視できない。足元の7～9月期のGDPもさえない動きだ。4～6月期に続きマイナス成長となれば、景気は後退期に入る。

こうした中で、達成の難しい目標を掲げた真意は何か。大胆な金融緩和などアベノミクス三本の矢を前面に出して選挙に勝利した勢いで、安全保障関連法を成立させたものの、首相の支持率は低下。しかも、三本の矢も一時の勢いが失速気味だ。いっそ新三本の矢で上書きし、GDP600兆円の明るい未来を示せば、再び国民の支持が集まるとのシナリオか。その先には、来年の参院選、憲法改正が視野にあるだろう。国民の眼力も試されている。

十八　「COP21閉幕」パリ協定で温暖化阻止を　15年12月14日

パリで開いた国連気候変動枠組み条約締約国会議（COP21）は、温暖化を防ぐ温室効果ガス削減の新たな枠組みで合意した。先進国だけに削減義務を課した京都議定書の後継として、今回採択した「パリ協定」は、190を超えるすべての国・地域が参加し2020年に発効する。

国や地域がそれぞれ自主的削減目標を提出、ガス排出を一層抑制するため5年ごとに目標を見直し、今世紀後半に排出ガスの実質ゼロを目指す内容だ。新協定により、産業革命前からの気温上昇を2度未満に抑えると明記した大目標が、直ちに達成されるわけではなく、今後取り組むべき課題は山積している。

しかし、対立が深刻化する今日の世界にあって、先進国と新興国、途上国が8年間に及ぶ交渉を重ねる中で、利害を乗り越え、協調にこぎ着けたことを歓迎したい。

新枠組み交渉は、1997年に採択した京都議定書の実行期間が切れる13年以降をにらんで07年にインドネシア・バリ（COP13）で開始。温暖化をめぐり「先進国の責任」を主張する途上国と、排出ガスが増えている新興国にも責任を求める先進国との溝が埋まらず、議定書の期間を延長して交渉を継続した。最終盤で最大排出国の米中が強い主導力を発揮し合意に向けた推進力になった点は多としたい。

協定の核である排出ガス削減は、縛りのない自主目標で妥協したのは物足りないが、削減目標引き上げを促す5年ごとの見直し条項を設定した点は評価できる。各国が既に提出済みの削減目標を合わせても、今世紀末の気温上昇は2度を上回る見込みとの試算を受けての措置といえる。

また「今世紀末に排出ガスをほぼゼロにする必要がある」との先の国連報告書の指摘より踏み込み、「今世紀後半には排出の実質ゼロを目指す」との長期目標を明記した点に、温暖化対策への強い意志が感じられる。

途上国に対する資金支援については、協定の別枠で、20年までに年間1千億ドルとした上、その後さらに上乗せする方向で、先進国と途上国が折り合った。日本は30年に13年比26%の削減目標を提出済みで、資金支援は20年までに1兆3千億円とする決定をしたが、いずれも上積みが必要となろう。

異常気象の常態化など生態系の破壊をこれ以上進めないために、パリ協定を基に温暖化対策を一層推進する必要がある。世界の英知を集めて地球温暖化に歯止めをかけた、と後世に評価される実効性を切望したい。

十九　「安倍政権の経済運営」国家資本主義の色濃く　16年1月13日

今年は、政府が経済界に介入を強める国家資本主義化が一段と進むだろう。経済3団体の新年祝賀会で、財界首脳からは「企業は積極的に投資や賃上げを行い、経済の好循環づくりに貢献することが大事だ」との決意が表明された。賃金引き上げのブレーキ役だった財界が、政府の強い圧力で賃上げに積極的な姿勢を鮮明にすること自体異様な光景に映る。

デフレ脱却を目玉にする安倍政権は、産業界に賃上げや設備投資拡大を繰り返し要求。昨年末には、経済界の要請に応じて法人税引き下げを前倒しで決定した。政権と蜜月関係にある経済界は、見返りとして、政府に協力せざるを得まい。

しかし、政府の過剰な介入に対し、唯々諾々と受け入れる経営環境にない企業も多い。何よりも企業の自由意思と市場の調整機能という、現在の経済システムの根幹がゆがむ危険をはらむ。

政府が企業に対し主導的な役割を持つのは、資本主義が発展段階にある国などに多い。企業と政府はウィンウィンの関係になるのが特徴で、日本もかつては官による産業保護政策を中心に据え「日本株式会社」と国外からやゆされた。これに対し現政権で進む国家資本主義化は、首相が好む「指導力ある国家」観を反映してか、企業の従順さを促す色彩が濃厚だ。

政府からすれば金融緩和や財政出動で景気回復の環境を整備、後は民間需要の喚起を待つ段階だ。民需を担う企業は、過去最高水準の収益を上げ、300兆円超の内部留保を抱える。それなのに、設備投資や、消費刺激が見込める賃上げに及び腰だと、政府がいらだつのも一理はある。

だが賃金や投資は本来、企業が独自に決めるものだ。国内景気を左右する米中経済や中東情勢等が不透明感を増す中で、賃金や投資の判断を誤れば企業は致命傷を負うが、政府は責任を取り得ない。内部留保を積み上げるのは緊急時や海外投資への備えという面も強い。

有力企業からも「政府の指導は分かるが、自分たちの判断だ」との声が聞かれる。給与所得者の約7割が働く中小企業の多くは、賃上げの余裕すらないのが実情だ。

賃金は一方で、労働市場の需給も反映され、人手不足感が強まれば自然に上昇に向かう流れもできる。ただ現状では、賃上げしても、政府の期待通り、消費を刺激し景気の好循環を呼ぶのか、家計防衛を優先し貯蓄に回るのか見通せない。景気回復を焦る政権が、産業界への介入を強めるほど、想定外の弊害が広がることだけは確かだろう。

二十　「G7協調と消費税」首相演出に強い違和感　16年5月30日

今回の主要国首脳会議（伊勢志摩サミット）ほど、先進7カ国（G7）協調の首脳宣言を、主催国の政治的思惑のためにあからさまに利用した例は、過去になかったのではないか。

サミット首脳宣言は「世界経済が新たな危機に陥ることを避けるため、財政戦略を機動的に実施する」などで合意した。恒例のG7協調の演出ともみえるが、議長役の安倍晋三首相にとっては、参院選に向け懸案だった2017年4月の消費税増税を再延期する大義名分を得たとの思いだろう。

14年に増税延期を発表した際の「リーマンショックや大震災のような事態がない限り17年4月に確実に引き上げる」との首相公約との整合性や、景気の足踏みによるアベノミクス失敗論の高まり。これらの壁を一気に乗り越える舞台がサミットでの演出だった。

経済討議で、首相は唐突に「世界経済の現状は08年のリーマンショック前に似ている」と発言。危機感を強調した上で、積極的な財政出動の必要性を説き、首脳宣言には「機動的な財政戦略」が明記された。このG7合意こそが、首相にとって増税再延期のお墨付きの意味を持ったといえる。考え抜いた演出のつもりだろうが、我田引水が過ぎ、強い違和感がある。

その第1は、世界経済の現状認識のずれだ。リーマンショックを引き合いに出した首相発言は、自らの公約との整合性を強引に付ける苦肉の策だ。しかし現在の状況が、サブプライムローンという金融派生商品の暴落から瞬時に世界恐慌寸前に至った08年当時と似ているという、専門家はどこにもいるまい。

討議では一部首脳から「危機とまでいうのはどうか」との異論が出され、宣言でも、トーンは弱められた。ラガルド国際通貨基金（IMF）専務理事も「08年のような時期ではない」と一蹴した。

2点目は、消費税への当事者意識が感じられないことだ。日本経済の持続性のため、自ら増税を決めながら、サミットでの振る舞いは「世界経済危機」をことさら強調し、「増税する状況ではないですよね」と言わんばかりだ。第三者的な位置取りは、アベノミクスの失敗や選挙のために増税延期するのではないと、装いたかったためだろう。

さらに、G7中で最も深刻な財政赤字国なのに、率先して財政戦略を優先させた点だ。各首脳は、人ごとだから言葉を挟まなかったが、違和感を覚えたのではないか。国債格下げが懸念され、財政健全化は遠のき、社会保障は細る。われわれには人ごとではない。

二十一 「英国のEU離脱懸念」市場混乱回避に連携を　16年6月22日

英国の欧州連合（EU）離脱の是非を問う国民投票が23日実施される。直前の世論調査では、残留派と離脱派が拮抗《きっこう》している状況だ。しかし金融市場では、離脱警戒感の強まりから、一時は英通貨ポンドの下落やドイツ国債価格の上昇など、安全資産へ逃避するマネーの動きが表面化した。

離脱が現実となれば、貿易、金融面など経済的影響は、英国やEUの地域的打撃にとどまらない。ポンド暴落や株式市場の波乱などを引き金に、日米、新興国を巻き込んだグローバルな金融混乱に波及しかねない。

中央銀行のイングランド銀行や欧州中央銀行（ECB）には、市場の混乱回避のため、国際通貨基金（IMF）や先進7カ国（G7）と連携した危機管理を望みたい。

EUは欧州の加盟28カ国からなる地域統合体だ。ヒト、モノ、カネが原則自由に行き来する5億人の単一市場を形成する。EU離脱派が勢いづくのは、東欧などからの移民や難民の流入で国内の雇用が脅かされ、社会保障費も膨らむからだ。さらに域内の共通政策で国の自主性が制限される半面、EU予算の1割を分担させられているとの大陸に対する「感情的不満」がある。

これに対し、EU残留派は、輸出入とも英国の5割近くを占めるEUからの離脱は、貿易、投資など経済全般でマイナスと反論。政府は、離脱なら増税、歳出削減が不可避と強調する。「経済合理性」

では残留派に分があるだろう。ＥＵ側も勢力維持上、ドイツに次ぐ第２位の経済力を持つ英国の残留を強く望む。

日本からは、世界最大の金融センター・ロンドンを中心に金融機関や自動車など約千社が英国に進出しているが、進出先の変更も視野に入る。投票結果で離脱となっても、正式脱退までには、約２年間のＥＵとの交渉期間が見込まれるが、金融市場では既に、離脱を見越した資金流出も始まっている。23日以降はそれが加速し、金融市場が混乱するリスクをはらむ。英中銀は緊急時に備え資金供給体制を整え、ＥＣＢも先の欧州債務危機の際と同様、金融安全網を発動する構えだ。ＩＭＦやＧ７のネットワークを通したグローバルな協調も想定しておくべきだろう。

円高基調にある為替市場では、リスク回避の円買いが急進すると見込まれる。その際に日本は、米国のけん制を押し切って、円売り介入に踏み切れるか。金融緩和に限界感がある中で、世界的信用収縮が起きたら、次の一手が打てるのか。日本の連携も問われそうだ。

二十二　「課税逃れ対抗策」国際枠組み一層強化を　16年8月15日

タックスヘイブン（租税回避地）を利用した企業や富裕層などの課税逃れを防ぐ包囲網作りが、新たな段階に入った。

経済協力開発機構（ＯＥＣＤ）が国際課税ルールを強化する新基準案を策定、9月初めの20カ国・地域（Ｇ20）首脳会合で承認を受ける。この枠組みの参加国も、これまでの46カ国から82カ国に急増、年内にも１００カ国を超える見通しだ。公正な課税の前提となる透明性の確保が大きく前進する。

脱税や過度の節税などの課税逃れ防止策は、ＯＥＣＤ租税委員会を中心に検討してきたが、租税回避地の秘密性が壁となって停滞していた。一部の企業や世界的富裕層、政治家などの資産隠しなどの実態が明らかになったパナマ文書をきっかけに、国際的批判が高まり、対抗策が進展したことを評価したい。

Ｇ20首脳会合で承認される課税ルールの新基準は、金融機関の口座情報交換に関し（1）相手国の要請に協力する（2）年1回の自動交換を実施する―など。基準を満たさない非協力国・地域は「ブラックリスト」に掲載、制裁を検討するとの内容だ。

要は政府間の相互監視強化を通して資金の流れの透明性を高めるのが狙いだ。枠組み参加国に新興国や租税回避地などが急増したのも、ブラックリスト記載による信認低下を避けたい意思が働いたとみられる。

課税逃れへの対抗策が停滞しがちなのは、資金の流れの実態把握が難しいからだ。小国・地域が多い租税回避地は、企業や富裕層から呼び込んだ資金をビジネスの種にするため、緩い課税ルールと金融規制に加え、固い秘密保護法制を売りにする。企業や資産家がこれを活用し巧妙に課税逃れをするケースが多い。

これらの地域はカリブ海の島国に集中しているほか、マカオ、モナコなど世界中にあり、英米など国内に租税回避地を抱えている有力国もある。パナマ文書で明らかになった事実は氷山の一角にすぎない。一方で企業は当事国・地域の解釈の違いで二重課税となる懸念を表明している。新基準導入などで資金の流れに透明性が増すとはいえ、実効性が上がるまでにはまだ曲折があるだろう。

しかし、租税回避地を利用した課税逃れの弊害は、不公平の拡大だけではない。世界で約24兆円との試算もある企業の税逃れで、国の税源も侵食が進む。さらに金融危機を招く巨額な投機マネーの供給基地でもあり、テロ資金の温床にもなっている。課税逃れ防止に向け、国際的枠組みを一層強化すべき時だ。

二十三　「膨張する政府予算」財政金融依存は危うい　16年8月30日

政府予算の膨張が止まらない。２０１６年度の第２次補正予算案は、財源不足を補うため約２兆７千億円の国債を追加発行して、約４兆円に膨らんだ。１７年度予算の概算要求も１０１兆円台に乗る見込みで、各省からは景気対策に便乗した要求が目に付く。９月から予算査定作業が本格化するが、２年連続で１００兆円台に乗せる勢いだ。

景気が回復基調にあるのに、国債発行残高を膨らませて財政出動するのはなぜか。政権の重要課題である成長戦略が「道半ば」との判断があるからだ。もちろん第1次補正から続く熊本地震復興費など急を要する対策もある。しかし政権の基本姿勢が、財政で景気の底上げを図る「初めに歳出積み上げありき」だから、不要不急や首をかしげたくなる項目も入り込む。

低所得者向け給付金は、16年度第2次補正でも1人当たり1万5千円（総額3673億円）を手当てし、来春配る。低迷する消費刺激にどれほどの効果があるのか。資産生活者である富裕層も、低所得であれば給付対象となる。無駄なばらまき的性格が強い。将来のリニア中央新幹線建設前倒しのため、財政投融資を活用した低利融資は、現在の景気浮揚に効果はないだろう。

17年度予算でも、成長戦略や1億総活躍の名目で、公共事業など省益拡大を目指す従来型要求がまかり通る。予算要求を厳しく査定する財務省の権限も、官邸主導下で機能せず、膨張予算に歯止めがかかりにくい。節度のない財政のばらまきである「ヘリコプターマネーは既に始まっている」との自嘲すら漏れる。

政権の色合いを予算で示すのは、当然のことだが、歴代政権は同時に財政健全化へも配慮した。それが極めて希薄であるのが、現政権の最大の問題だ。「成長なくして財政再建なし」と、積極財政路線を加速するが、経済成長率3％、物価上昇率2％など主な目標指標は「道半ば」どころか後退。積年の国債増発でたまった危険なマグマが表面化する寸前にある。

国債大量発行は、市場では値下げ圧力がかかり、預金を基に運用する金融機関は大打撃を受けかねない。ただ日銀が金融緩和の一環で大量購入しているため高値安定しているが、日銀保有分は、政府発行残高1千兆円の3分の1に達する。

価格維持効果も限界だ。日銀は近く金融政策の「総括検証」を行うが、この際、政府も財政出動、金融緩和という緊急対策に依存してきた経済運営を総ざらいして出直すべきだ。取り返しがつかなくなる事態は避けたい。

二十四　「金融政策修正」日銀は率直に限界語れ　16年9月27日

日銀は金融政策の枠組みを修正し、量的緩和に加え、新たに長期金利の目標を0％とする金利政策を導入した。黒田東彦総裁は、2％の物価上昇目標に向け「政策の持続性を確保、強化した」と、表向きは強気の姿勢を堅持した。

その一方で（1）物価目標は期限を撤廃し、達成まで継続する（2）年間80兆円の国債買い取り継続の量的緩和に柔軟性を持たせる―など、当初目標の後退も明白になった。デフレ脱却に向けた枠組みがちぐはぐな仕立てになったのは、当初見通しの甘さや、対症療法にすぎない金融緩和政策が長引き限界に来ていることを、認めないからだ。

日銀は黒田総裁就任後の2013年4月から2年で2％の物価目標を掲げ、「異次元」の量的緩和を実施。当初はデフレ脱却の期待から円安株高が進み、輸出が好転した大企業の収益向上や物価上昇も見られたが、その後は足踏み。肝心の企業の設備投資や個人消費といった内需に点火せず、国債購入拡大やマイナス金利導入の緩和策を追加したものの、現在の物価水準は目標に遠い。

今回の決定時に公表したこれまでの政策の検証では、物価目標は原油価格下落や消費税増税などの外的要因で阻まれたと指摘した。あまりに身勝手な検証ではないか。原油価格上昇を見込んだ誤算。14年4月の消費税増税も、黒田総裁は当時、影響は軽微として容認した。むしろ総括すべきは、日銀の目標設定や見通しの甘さだ。

緩和枠組みに追加した、10年国債の金利を0％程度に誘導する目標は、ほころびが出ている緩和策のつぎはぎにすぎない。金融機関の日銀当座預金の一部に手数料を課すマイナス金利導入で長期金利も下がり、国債が運用難になるなど金融機関への副作用を抑えるのが狙いだ。しかし、市場の需給で動く長期金利を日銀がどこまで管理できるのか。新たな難題も抱えることになった。

設備投資や個人消費といった民間需要が弱く、デフレのわなを抜け出せない背景には、少子高齢化や社会保障の停滞による先行き不安が影響しているとの説が有力だ。外食や衣料業界には、一時は強気だった価格設定を見直し、「より安く」の原点に戻る流れがある。

需要拡大が引っ張る物価上昇を金融的手法だけで実現することには限界があり、弊害も出る。日銀はこれを率直に認め、国民に説明する責務がある。緩和の限界を抱えながら2％の物価目標を降ろさない官僚的硬直性を改めないと、政策のほころびが深刻化するだけだ。

二十五　「GDP統計見直し」中立堅持し精度向上を　16年10月26日

国内総生産（GDP）など経済統計の見直し作業が政府、自民党で進んでいる。背景にあるのは「景気の実感と経済指標との間にずれがあり、統計の精度向上が必要だ」との各方面からの指摘だ。内閣府や総務省などが年内に具体案を示す。

経済の実態をより正確に反映した統計見直しが実現すれば、的確な景気判断や、経済政策にプラスに働く。企業の経営戦略にも役立つだろう。

ただ見直しの背景にはもう1つ、現政権の経済対策が、数字上は景気浮揚効果を示していないとの焦りもうかがえる。統計見直しが、景気実態の改善を見せかけるためと誤解されないよう、細心の配慮や工夫が必要だ。

内閣府は、GDPなど経済統計の精度を高めるための有識者研究会を立ち上げ、年内に見直しの方向性を提言する。インターネットによる経済取引や消費行動など経済社会の構造変化を、従来の経済統計は正確に反映していないとの問題意識からだ。統計手法も進歩しており、消費実態などの把握にビッグデータを活用して、統計の精度を上げるのが狙いだ。

見直し対象は、GDPの基礎データである家計調査や法人企業統計、毎月勤労統計などで、所管する関係省とともに検討作業に入っている。日程的に拙速気味なのが気になるが、実態に即した見直しと評価される成果を出してほしい。

GDP統計は既に、世界的計算基準の見直しで、企業の研究開発費を、従来の「経費」扱いから、GDPの「研究投資」項目へ計上することが決定済みだ。2016年末に新基準を適用する日本は、約20兆円がGDPに上乗せされる見通しだ。

さらに、消費や生産などの数値を基に推計するGDPを、日銀が、法人税などの税務データを基に独自に試算。その結果、14年度のGDPは、内閣府発表より約30兆円上回るとの数値となり、GDP上振れにもつながる手法を示した。

首相は見直しに当たり「日銀と連携するように」と関係閣僚に指示した。自民党も、経済統計の検証チームで、日銀の試算を前向きに検討する姿勢だ。

計算基準や統計手法の変更で増減し得るGDP統計が、元々不確実な性格をはらむのは否定できまい。それだけに見直しには、データの精度向上はもちろん、基準変更や標本抽出などの面で、中立性を堅持し、多くが納得できる作業が不可欠だ。

実態の正確な反映を目的とする経済統計を、時の政権を利するように扱い、信頼を損なっては本末転倒となる。

第四章
トランプ旋風
世界経済大混乱

一　「温暖化対策会議と米国」パリ協定から逃げるな　16年11月22日

2020年以降の地球温暖化対策の新枠組み「パリ協定」は、発効直後に「トランプ・ショック」に見舞われた。

国連気候変動枠組み条約第22回締約国会議（COP22）は、協定参加国の温室効果ガス削減目標設定に関し、18年に具体的ルールを作ることで合意した。しかし開会直後に、米大統領選でパリ協定に反対するトランプ氏が勝利したため、会議は危機感が支配。閉会時に発表した行動宣言では「温暖化対策は全ての国の責務」と強調した。

米国は中国に次ぐガス排出大国であり、これまで協定作りを主導し、批准した。それが政権交代で、一転して協定離脱に向かえば、協定は骨抜きになり、温暖化対策の無力化は避けられない。次期米政権が身勝手な振る舞いに出ないよう、世界は説得に回るべきだ。

「会議で主導的役割を果たす」と意気込んだ日本はどうだったか。協定に基づく会合には、批准が遅れたため正式参加資格はなく、オブザーバーとして臨まざるを得なかった。存在感は、一段と希薄化したのが真相だ。

会議は、温暖化対策の議題とともにトランプ次期政権の出方に関心が集まった。トランプ氏が選挙期間中に「温暖化はでっち上げ」として、協定離脱や温暖化対策への資金拠出停止に言及したことに対し、各国が相次いで非難や懸念を表明したのは当然だろう。

ケリー米国務長官は会議で「大多数の米国人は、パリ協定の約束を実行しようと決意している」と演説したが、次期政権の意向は不透明だ。

米国は01年にもブッシュ大統領が就任直後に、当時の枠組みである京都議定書に不参加を決めた前歴がある。

温暖化は経済開発など人為的要因が大きいとする議定書の基本的視点に対し、「科学的根拠が薄い」というのが理由だった。その底流にはブッシュ政権を支えた石油資本など産業界の意向が強く働いていた。

これに対し、トランプ氏の発言は「米国第1」という内向き志向の一環とみられるが、その真意は定かではない。温暖化に関する国連の第3次報告書（01年）は人為的要因を66%としたが、直近14年の第5次報告書では95%だ。もはや科学的に反論の余地はあるまい。

同氏が米国優先を掲げようと、温暖化は地球規模で深刻さを増し、米産業界も既に対策を加速させている。会議でも多数の米有力企業がトランプ次期大統領に協定へとどまるよう求める声明を発表した。米政権は温暖化対策の責任から再び逃げてはならない。

二　「来年度政府予算案」歳入見積もりは手堅いか　16年12月22日

2017年度政府予算案が決定した。一般会計は97兆5千億円で、現政権発足以来、当初予算では5年連続の過去最高更新となる。急速に進む高齢化に伴い社会保障費が年々膨らんだことが最大の要因だが、それだけではない。現政権が「成長の果実」で推進する積極財政路線が後押しした。

その一方で、新規国債発行は34兆4千億円と、辛くも前年度以下に抑え、財政健全化にも配慮してみせたが、17年度末の国・地方の借金残高は1千兆円に膨らむ。経済成長と財政健全化の両立を掲げつつ、成長の果実の税収は歳出に向かい、借金減らしが進んでいないのは看過できない。

歳出の3割超と最大の割合を占める社会保障費は32兆5千億円。自然増加分を切り込んでも、前年度比5千億円増となった。しかし、17年4月に予定した消費税増税が延期となるため、年金支援など絞られた項目や先送りとなった項目も多い。

介護士や保育士の処遇改善、非正規社員の正規化支援など国民の関心の高い施策には、総花的に手当てした。安全保障の強化で、防衛費は5兆1千億円と過去最大。公共事業も6兆円と現政権下で増え続ける。

国債の元利返済に充てる国債費は23兆5千億円と、一般会計の4分の1近くに達する。想定金利を過去最低の年1・1%とし微減に抑えたが、この想定には多少無理がある。米国の利上げが今月実施され、来年は３回程度と見込まれる。その影響で日本の長期金利にも上昇圧力がかかり、国債費が膨らむリスクが高い。日銀の国債買い入れ策にも限界があろう。

積極財政を支える税収は、１６年度当初比微増の57兆７千億円を見込む。円安景気や消費税アップで好調だった以前と比べ陰りが出ている中で、強気ともいえる。名目経済成長率を２・５％程度と想定、最近の円安傾向も踏まえての判断という。

しかしその基となる１６年度税収は、想定より円高に振れたため、当初予算を1兆７千億円も下回ることが判明。１７年度予算案と同時に決めた１６年度第３次補正予算案で、その分税収を下方修正、赤字国債の追加発行で穴埋めした。リーマンショックで混乱した０９年度予算以来の異例の対応だ。

為替動向が当局の想定を超える現状では、過度の円安期待で市場に振り回されないよう、歳入を一段と手堅く見積もる必要がある。当初予算の出来栄えを優先するあまり、膨らむ歳出に合わせて歳入を甘く見積もる。後始末は国債発行で、という姿勢では困る。前年度の二の舞いは避けたい。

三　「トランプ氏投資圧力」ひるまず反論を　１７年1月16日

トランプ次期米大統領が、工場建設などの新規投資は米国で優先的に行うよう内外の大企業に圧力をかけている。「米国の利益第1」を掲げ、力ずくで迫る新リーダーにあらがうには、相当な勇気がいるだろう。同氏になびくかのように、米国での設備増強や雇用拡大に動く企業が相次ぐ。

ソフトバンクの孫正義社長は、米新興企業などに500億ドル（約5兆7千億円）を投資、5万人の新規雇用を創出すると、いち早くトランプ氏に伝えた。トランプ氏に批判的だったインターネット通販アマゾン・コムのトップ、ベゾス氏も10万人を雇用する方針を表明。採算を見込み、自ら率先対応するのは自由だ。

だが、メキシコで生産増強する自動車各社は事情が違う。日系では日産自動車、ホンダなどとともに進出しているトヨタ自動車の新工場建設に対し「あり得ない。米国に工場を造るか巨額の関税を払うかどちらかだ」と介入。同社はメキシコ工場新設の変更はしないが、米国で100億ドルを新規投資すると表明した。

フォード・モーターも、メキシコに新規工場を建設し米国に逆輸入する計画を撤回。米ミシガン州での工場投資に切り替えた。フィアット・クライスラー・オートモービルズはミシガン、オハイオ両州の設備増強で、2千人を追加雇用する。

トランプ氏が自動車産業に干渉を強めるのはなぜか。「大統領選の勝利には、自動車産業の集積地である両州で票を得たことが大きく貢献した」（日本政府筋）ためだろう。雇用拡大への強い執着は、「さび付いた」工場地帯への恩返しの意味が強いといえそうだ。

しかし、メキシコが生産拠点化しているのは北米自由貿易協定（NAFTA）に加盟し、米国との貿易に関税が掛からないことや、安価な労働力、為替リスク緩和などグローバルな経営戦略からだ。企業収益に最適な供給網が独裁的ともいえる圧力でゆがめば、米国の雇用に一時的に貢献しても、いずれ米国製品の競争力が低下、雇用にもマイナスとなる。理不尽などう喝には、ひるまず反論することが、経営の責務でもあろう。

日本の自動車産業は部品や販売店を含め米国内で約１５０万人を雇用している―日本政府が米国での実績を強調し、援護したのは当然だ。ことは自由主義経済の根幹に関わる。一方的に高関税を課すやり方は、ＮＡＦＴＡや公正な国際貿易ルールに反する。大統領就任後もこうした米国優先の無理筋を貫くようなら、世界貿易機関（ＷＴＯ）に毅然《きぜん》と提訴するべきだ。

四　「日米経済対話」粛々と互恵の道探れ　１７年2月16日

日米間の貿易・投資協力に関する「ハイレベル経済対話」がスタートする。首脳会談で設置が決まり、麻生太郎副総理兼財務相とペンス副大統領を両トップに、早期に協議の枠組みを整える。

米国の雇用を最優先するトランプ大統領は安倍晋三首相との会談で、自動車分野や円相場のこれまでの対日強硬発言を封印。終了後の記者会見で「自由で公正､互恵的な貿易関係を目指す」と表明した。

ひとまず無難な対話方式での船出となるが､駆け引きはこれからが本番だ。自由貿易の原則を外れ、米国の都合を一方的に押しつけることのないよう、相互の経済基盤強化に向け、粛々と対話を進めてほしい。

保護主義に傾く大統領は、環太平洋連携協定（ＴＰＰ）から離脱し、通商交渉を多国間から２国間へシフト。日本に対しても円安誘導だ、自動車市場は閉鎖的だ、など激しく攻撃した。だが、為替問題は、今回の会談で言及せず、従来通り通貨当局間で対処する。大統領の介入で相場が左右されないためには、当然の帰結だ。自動車も争点とはならず、今後の対話の中で扱われる見通しだ。

初の首脳会談が、予想以上に円満に運んだのは、大統領の突出発言を補完する米政権の陣容が未整備な面もあるが、日本側が危機に身構え、素早く説明攻勢に出たことが奏功したようだ。

日米摩擦が激化した１９８０年代は、膨大な貿易赤字を抱えた米の「不公正な日本」たたきに屈服、自動車の輸出数量規制などをのまされた。当時の苦い経験を基に、事前に70万人の米国雇用貢献策を打ち上げ、会談で、米国での自動車生産の拠点化が大きな雇用をもたらしている点を説明。これらが大統領の舌鋒《ぜっぽう》を軟化させたとみられる。

しかし、首脳会談で関係強化が確約されたわけではない。米側の基本方針が固まっていないため、対話の行方は全く不透明だ。８０年代の貿易摩擦を経て、通商交渉関係者の胸に刻まれているのは、対米交渉のトラウマだ。日本が多国間のＴＰＰにこだわる裏には、力ずくで威圧する米国との２国間交渉だけは避けたいとの本音がある。

相互協力を主眼とする対話が、雇用拡大の成果を焦る大統領の圧力で、日米自由貿易協定（ＦＴＡ）交渉に進展する懸念もくすぶる。そうなれば、自動車への無理難題にとどまらず、ＴＰＰでいったん決着した農産物の関税に、さらに引き下げ圧力が掛かる。日本側が、ＦＴＡ交渉を避けるには、雇用貢献などで成果を示すことが重要だ。

五　「米国の通商政策」貿易秩序を壊す気か　１７年３月15日

自動車や農産物で日本に市場開放を迫るトランプ米政権の強硬姿勢が鮮明になった。世界貿易機関（ＷＴＯ）に提出した米国の意見書で、中国に次ぐ６８９億ドルの対日貿易赤字に懸念を表明。自動車の販売網などが非関税障壁だと非難し、コメや麦などの農産物も高関税で保護されているとして、是正を要求した。

一方で米国は、通商政策に関する年次報告書で「貿易紛争の解決でＷＴＯの判断に縛られない」と脱ＷＴＯを宣言。２国間で新たな通商協定の交渉に入る際には「米国に不利な貿易には厳しく対応する」として、一方的に高関税などの制裁を科す通商法３０１条を用いる強硬戦術も示唆した。ＷＴＯが支える互恵的な自由貿易秩序を壊し、力が支配する世界に戻すとの決意表明といえる。

先の日米首脳会談での協調ムードは一変し、４月に始まる「日米経済対話」は、緊迫化を予感させる。貿易戦争も辞さない時代錯誤の国家主義がまかり通らぬよう、日本政府の覚悟を求めたい。

強硬策に大転換した背景には、トランプ大統領腹心のバノン首席戦略官の独善的構想がある。政権の課題に国家安全保障強化、行政国家解体（規制撤廃）、経済的国家主義の3本柱を列挙。国防費の約10％（約6兆円）増額、医療保険制度や環境規制の改廃、環太平洋連携協定（TPP）離脱などを次々に打ち上げた。WTO無視もその一環だ。

さらに、通商政策を主導する国家通商会議（NTC）のナバロ委員長は「貿易赤字は悪」が持論だ。米国の赤字が大きい中国、日本、ドイツなどを名指し、赤字削減のため農産物や化学製品など米国産品購入を求めた。

しかし、日本の自動車市場で欧州車の販売は伸びているのに米国車が不振なのは、販売網ではなく、消費者の好みの問題だ。農産物も、関税はかかるにせよ、似たような側面がある。

そもそも貿易を、産業の比較優位が直接反映する2国間だけで問題視してもあまり意味がない。多国間で相互依存関係を紡ぐのが貿易だ。しかも米国経済は現在、5％を切る失業率で、先進国中最も順調に推移する。格差問題は、所得再分配や労働者の技能研修など国内で対応すべきだ。

歴史的にも、貿易黒字を国是とする重商主義的政策が保護主義を招き、ひいては戦争につながった。その反省から現在の開放的貿易秩序が構築されたことを、トランプ政権は無視している。独りよがりの政策猛進は、内外経済を混乱に陥れるだけだ。

六「財政破綻の回避策」家計しわ寄せに警戒を　17年4月12日

1千兆円超の政府債務残高に歯止めがかからない状態なのに、現政権から危機感が伝わらない。それどころか、教育無償化のための「教育国債」構想など、後世代へのつけ回し論が政権内部で声高になっている始末だ。

極めつきは内閣官房参与の浜田宏一氏だ。増税を封印し財政拡大を続ければインフレ効果で政府債務が帳消しになるとの、ノーベル賞受賞の学者シムズ氏の理論を「目からうろこが落ちた」と支持する無責任さだ。緩んだ雰囲気の中で、国民の危機感も薄いようだ。

しかし戦後財政は、戦費調達で膨らんだ政府債務が（1）終戦直後の超インフレによる目減り（2）預金引き出しを制限する預金封鎖や新円切り替え、財産税などを通した国民負担―の効果で均衡化した。この過去を忘れるわけにはいかない。現在再び直面する財政破綻の危機も、先送りするほど、家計に負担が重くのしかかる荒療治法でしか回避できなくなることを、肝に銘じるべきだ。

政府債務残高が国内総生産（GDP）比2倍に達している現状は、終戦時とほぼ同じ深刻度だ。悪性インフレなどで緊急事態だった当時とは違う、と言い切れない状況にある。政府が現在掲げる破綻回避のシナリオは、歳出抑制と増税の組み合わせで、2020年度に税収と政策経費の基礎的財政収支を黒字化する計画だ。しかし、2度の消費税増税延期に加えて、大学までの教育無償化など支持率を意識し、国民の歓心を買う施策を優先する現政権では、到底この計画の実現は無理だ。

そこで浮上したのが、シムズ理論を基に2％の物価上昇実現まで、積極財政を進めるシナリオだ。インフレによる債務目減りを狙い、増税は成長軌道に乗った後という超楽観論だ。麻生太郎財務相は「政府としてくみする話でない」と否定的だが、これに飛びついたのが、主導するアベノミクスが苦境にある浜田氏だ。19年に予定する消費税率引き上げの延期の理由付けにもなる。だが、インフレで政府債務だけでなく、国民の預金も目減りする。国債利払い費は急増、国債暴落を招く。

究極の無責任シナリオは、預金封鎖もどきの禁じ手だ。官邸周辺には「政府・日銀一体の統合政府とみて、政府債務を日銀保有の国債と合算して相殺する理屈も成り立つ」との見方がある。しかし、日銀購入の国債は主に、金融機関の日銀当座預金の操作で賄われており、国債の償却は、その分の預金消滅を意味する。悪夢の再現はないのか。国民はもっと警戒してもよいのではないか。

七 「米国のパリ協定離脱」温暖化の責任放棄だ　17年6月5日

世界中からの慰留を振り切って、トランプ米大統領が地球温暖化対策の国際枠組み「パリ協定」からの離脱を表明した。

孤立化を承知で、かたくなに離脱を押し通したのはなぜか。協定が「他国に利益をもたらし、米国の労働者には不利益を強いるだけだ」との思い込みがあるからだ。大統領選で掲げた「米国第1」の公約を何よりも優先させたということだろう。

しかし、オバマ前政権で米中が主導して協定合意にこぎ着けたのは、温室効果ガスの排出大国の責任を自覚したからこそだ。これまでの経緯をほごにする離脱表明は、地球温暖化の責任放棄以外の何物でもない。

米国にとっても、社会や企業が温暖化対策を先取りし脱炭素化にまい進している中で、近視眼的な「米国第1」は、国内雇用や環境面でむしろマイナスに作用する。その自覚も感じられない。

パリ協定は2015年に採択、190以上の国・地域が参加を目指す。20年から実施され、各国が排出ガスの削減目標を5年ごとに見直して、今世紀後半の排出ゼロを目標に、産業革命前からの気温上昇を2度未満に抑えるとの内容だ。8年間の交渉で先進国と途上国が削減目標や支援資金額の溝を埋め合意できたのは、温暖化の地球生態系への影響が人類の生存にまで及ぶとの危機感が共有されたからだ。

トランプ政権は、これまでの各国の努力や危機感に全く無理解であるように見える。かねて「温暖化はでっちあげだ」と主張し、石炭・石油開発などの環境規制を撤廃。今回の離脱表明の際にも、途上国への資金支援を停止すると宣言した。

米国は共和党政権になった01年にも、ブッシュ大統領が当時の温暖化対策の枠組みだった京都議定書を離脱した。共和党政権が環境規制に消極的とはいえ、当時と違い今や化石燃料が温暖化の主要因であることは科学的常識だ。トランプ大統領が特に配慮した石炭業界以外の多くの産業界に、当惑や反発が広がる。

米国の離脱表明に対して、主要排出元の中国や欧州連合（ＥＵ）、インド、日本は協定推進を表明したが、途上国の不満は強い。離脱が制度上可能となる２０年以降も米国が方針を貫けば、協定は空洞化が避けられまい。

だが今は、米国の傍若無人な振る舞いに憤慨しても始まらない。重要なことは、協定の実施ルールを１８年までに作るなど、現在日程に上っている作業を各国が結束して進めることだ。その上で、米国がパリ協定に早期復帰することに強く期待をつなげたい。

八　「日欧ＥＰＡ大枠合意」自由貿易に絶好の合意だ　１７年７月７日

日本と欧州連合（ＥＵ）の経済連携協定（ＥＰＡ）が大枠合意に達した。４年余りの交渉で積み上げた関税や投資など包括的自由化協定で、貿易全品目の９割超の関税を撤廃する。今後投資分野を含めて最終調整、２０１９年発効を目指す。

地域ごとに自由経済圏を形成するＥＰＡや、自由貿易協定（ＦＴＡ）が世界の潮流となる中、トランプ米政権の環太平洋連携協定（ＴＰＰ）からの離脱で、これが逆流しかねない懸念が生じた。

しかし日欧の今回の合意は、「米国第１」の保護主義的動きをけん制し、自由貿易を推進する絶好のメッセージになったといえる。直後に控える20カ国・地域（Ｇ20）首脳会合の協調や、ＴＰＰ復活の動きにも好影響を期待したい。

双方の重点品目だった農林水産物と自動車の関税を巡り、閣僚協議で双方が譲歩し、合意に導いた。欧州産チーズの関税撤廃を求めるＥＵに対し、日本側は当初２万トンの低関税輸入枠を新設、16年目に３万トン超に拡大し枠内税率をゼロにすることで歩み寄った。日本が撤廃済みの自動車関税は、ＥＵが課す10％を段階的に下げ８年目に撤廃する。日本酒やワインの関税は即時撤廃、家電製品の関税も撤廃する。

日欧間に生まれる自由経済圏は、双方の消費者にとって、高品質の乳製品などの食品や自動車、家電製品がさらに安く入手できるようになり、大歓迎だ。日本の農業生産者は収益面でしわ寄せを受けることになるが、生産性や品質を一段と向上させるための機会と前向きに捉えたい。世界の自由化競争で生き残るための取り組みとともに、適切な政策支援も今後必要となるだろう。

グローバルな観点でも、中国や韓国とのＦＴＡ交渉が滞っている日本にとって、今回の合意は大きな意味を持つ。先行した韓国・ＥＵのＦＴＡで関税が撤廃された韓国車に対し、日本車の関税は今回の合意で徐々に下がるが、撤廃されるのは発効８年目だ。それでも地域ごとの自由化競争に出遅れていた日本は、5億人のEU市場への参入が広範囲に自由化されることで、大きな恩恵を受けるのは明らかだ。

米国との環大西洋貿易投資協定(TTIP)交渉が、トランプ米政権下で漂流中のEUにとっても事情は同様だ。競争力のある乳製品や化学製品などの対日参入機会を増やすことで、域内経済に貢献できるからだ。世界の国内総生産(GDP)の約3割を占める巨大自由経済圏の成立で、日欧関係が存在感を増すのは確実だろう。

九 「物価目標6度の延期」 2%設定に無理がある 17年8月7日

アベノミクスの核心である「2%の物価上昇目標」の時期が、6度目の延期となった。日銀の黒田東彦総裁が、デフレ脱却のため設定した目標を2013年4月の就任時に「2年程度で達成する」と宣言。しかし、物価は低迷を続け目標時期も小刻みに先送り。このほど現行の目標時期を1年延ばし19年度とした。

公約未達成のまま総裁は18年で任期を終える。目標を6度延長しても達成の成算があるとはいえない状況で、「黒田日銀」の判断ミスは明らかだ。

総裁は「残念だ」と述べつつ、その要因として「物価や賃金が上がりにくいことを前提とした考え方や慣行が企業や家計に根強く残っていることが関係している」と強調した。日銀の目標は正しいが、国民や企業の思考回路に問題ありと言わんばかりだ。目標が達成できていないのは、日本の現状とずれた無理な設定だったからではないか。

総裁は物価目標明示とともに、従来の2倍の資金を市場に供給する大規模金融緩和に踏み切った。「物価が上がるとの市場の期待に働きかければ、投資や消費行動が活発化し需要喚起につながる」との理論からだ。

大胆な政策への期待感から当初は円安株高が進み、輸出企業の収益向上や消費好転の兆しがみられ、物価もマイナス圏から1％超に上昇。しかし円安修正とともに企業収益や消費者心理に陰りが出て、物価の現状は0％台で推移している。

日銀はこれまで、物価上昇基調が腰折れした要因に、新興国経済の不調や原油価格下落などを挙げたが、裏を返せば、円安や原油高などの効果で物価が一時的に上昇したにすぎない。企業の設備投資は戻りつつあるが賃上げには回らず、個人消費も盛り上がりに欠ける。実体経済は依然、物価けん引には力不足だ。

インフレ期待の効果が表れず「思ったよりデフレ意識が根強い」とみる総裁の本音には、経済理論に比べて、市場心理の回路が旧態依然だとのいら立ちがあるのだろう。

しかし6度目の延期となると、インフレ期待の理論に問題ありと思うのが普通だ。エコノミストの多くは2%目標は非現実的とみる。この理論を現在の日本に適用することに懐疑的な見方もある。将来の期待より不安から「節約」という思考回路にスイッチが入る方がむしろ自然だろう。

それでも日銀は2%目標を降ろさず「強力な金融緩和を粘り強く推進する」と強気を装う。目標達成まで続けるのだから、失敗はあり得ないのか。強弁を重ねるほど、日銀の信認は低下する。

十 「GDP6期連続増加」内需主導型は本物か　17年8月22日

4~6月期の国内総生産(GDP)は6四半期連続のプラス成長となり、成長局面は11年ぶりの長期に及ぶ。物価変動を除く実質で、前期比1・0%(年率換算4・0%)増えた。

それまでは総じて輸出頼みで成長を持続してきたが、今期は外需(輸出―輸入)の寄与度がマイナスに転じた。それにもかかわらず、市場の予想を上回る伸びとなったのは、個人消費や設備投資といった内需の好調さが大きく貢献したためだ。

茂木敏充経済再生担当相は「内需主導の成長になった」と評価する。景気の足取りが、民間需要を刺激しながら上向いていく成長軌道に入ったのなら好ましい。しかし今回の需要項目を見る限り、そう判断するのはまだ早計かもしれない。

GDPの6割を占め、景気を左右する個人消費は、0・9%(前期0・4%)の高い伸びとなった。

洗濯機などの白物家電や自動車といった耐久財が、高機能型製品の発売や、買い替えの周期に当たったこともあり、大きく寄与した。

ただ衣料や食料など日常的な消費は、一部に落ち込みもみられるほど依然低調だ。茂木担当相も「消費はまだ力強さに欠ける」と指摘する。

活発化した消費が幅広く持続するには、所得の継続的伸びや社会の安心感が不可欠だ。だが賃上げは進まず、夏季賞与も大手企業は減少となったのが現実だ。耐久財の買い替え需要という一時的要因がなくなれば、消費のけん引力もあまり期待できなくなる。所得が伸びる状況になっても、年金や医療など老後の不安を抱え、消費より貯蓄に向かうのではないか。

設備投資も2・4％（同0・9％）の大幅増だが、内実は老朽化した設備の更新や、人手不足を補うためロボットを導入する省力化が中心だ。

かつてのように「投資が投資を呼び」生産拡大や雇用増に直結する力は期待できない。省力化投資はむしろ、消費拡大のカギとなる賃金上昇を抑制する方向に作用しかねない面もある。

内需の中では公共投資が、5・1％（同0・6％）と最大の伸びだ。2016年度第2次補正予算執行の効果という一時的要因のためだ。景気下支え効果はいずれ薄れるが、財政の追加出動が必要とはならないだろう。

今回鮮明になった内需主導の成長は「一時的要因が重なり実力より上振れしたため」との見方が根

強い。実態より見かけ上の数字が強めに出たということか。内需主導が定着するのか、輸出依存に戻るのか。今後に目を凝らしたい。

十一 「企業の余裕資金」賃上げや投資に活用を　17年9月22日

企業が保有する余裕資金の残高が200兆円を超えた。財務省が発表した法人企業統計では、金融・保険を除く全産業が積み上げた手元の現預金と有価証券は、2017年6月末で210兆円に達した。10年間で70兆円、直近の5年で50兆円も膨らんだことになる。

4～6月期の経常利益が22兆円と四半期ベースで過去最高を更新するなど業績改善とともに手元資金の積み増しを図ってきた結果だ。不透明さを増す経営環境の中で、企業の合併・買収（M&A）や経営の破綻リスクなどに臨機応変に対応するためといえる。

その半面、利益から従業員の人件費に回す労働分配率は総じて低下している。経営の自由度拡大だけを優先するなら問題だ。収益向上分は、従業員の人件費にも充て賃金アップに回すべきだ。

また余裕資金の増加は企業の安定感を高める効果はあるが、守勢に回るだけではじり貧になる。将来性のある分野への積極投資を求めたい。

企業が着実に余裕資金を積み増してきたのは、過去のトラウマが背景にある。バブル崩壊後の

1990年代後半や2008年のリーマンショックの際に、金融機関の貸し渋りに遭い、資金繰り難に陥った企業は多い。「銀行は天気がいいときに傘を差し出し、雨が降ると取り上げる」。経営破綻のリスクに直面した苦い体験が、超低金利の現在でも、自己資金でやりくりする「銀行離れ」の要因にもなっている。

とはいえ利益蓄積は企業本来の目的ではない。成長を続けるための手段にすぎない。国外でのM&Aに積極的な企業は多いが、国内の設備投資は、法人企業統計でも1・5%増にとどまる。

少子化が急進展する中で将来の利益に結び付くかどうかの投資判断は容易ではないが、国内への投資回帰を前提に法人税を20%台に引き下げた経緯を忘れてほしくない。

欧米に比べて弱いとされるシステム投資や人工知能（AI）活用関連など新規投資分野の開拓を急ぐべきだ。さもないと、企業の「内部留保」に課税を検討すべきだとの声が勢いを増しかねない。

労働分配率は、企業の収益力向上に反比例する形で低下し、直近5年間で72%から5ポイント近く下落したとの統計もある。賃金が柔軟に変動する欧米と比べ、日本はいったん上げると下げにくい下方硬直性が強いため、賞与などの一時金で対応しがちだ。

しかし、収益の果実を基本賃金のアップに回せば、景気の好循環を促し、ひいては企業の収益増大にも寄与する。

十二 「神戸製鋼データ改ざん」日本ブランドの危機だ　17年10月17日

日本有数の鉄鋼・アルミメーカー、神戸製鋼所の製品データの改ざんが次々と発覚した。経営責任はおろか、企業の存立自体が問われかねない。

同社は10月初め、アルミ・銅製品の品質データを製品仕様書や日本工業規格（JIS）の基準に適合したように改ざんしたことを公表。約10年前から管理職も周知した会社ぐるみの改ざんだったことも明らかにした。その後、鉄粉製品や液晶画面材料、さらに主力事業の鉄鋼製品でも次々と発覚、改ざん等の不正は計13製品に達した。

納入先も当初の200社からグループ9社で計500社に拡大。鉄道各社など国内だけでなく、ゼネラル・モーターズ（GM）やエアバスといった海外企業にも影響は及び、欧米のニュースでも取り上げられた。

記者会見した川崎博也会長兼社長は「信頼はゼロに落ちた」と謝罪したが、打撃は神鋼ブランドにとどまるまい。今回の不祥事は、世界に誇るメード・イン・ジャパンのブランドが廃れるほどの危機と受け止めるべきだ。

製造業の不祥事では、2年前にフォルクスワーゲンが排ガス規制逃れのソフトを搭載した悪質なスキャンダルが記憶に新しい。日本で気になるのは、会社が傾くきっかけになった東芝の不正経理に続き、この1年余りで三菱自動車の燃費改ざん、直近の日産自動車の無資格検査と今回と、世界的企業の製造工程での不祥事が相次いだことだ。

いずれのケースも国際競争の激化を背景に、製造現場が目標達成のために不正に手を染めた面があったことは否定できないだろう。しかし、コンプライアンス（法令順守）は、ものづくりに課せられた最低限の義務だ。放置した企業統治のお粗末さが厳しく問われる。

とりわけ神鋼は素材メーカーのため、製品用途は電気製品、航空機、鉄道車両、自動車の部品など多岐にわたるのが特徴だ。不正があった製品は、安全安心に関わる分野で広範囲に使用されており、安全性の検証や賠償問題への対応、品質管理強化が急務だ。

経済産業省も、存立危機にあった三菱自動車が日産傘下に入った際には「三菱グループはゴーン氏に感謝してもしきれまい」とまだ余裕があった。だが今回は「製造業全体の信頼に関わる」と危機感をあらわにする。

ものづくりの現場で一体何が起きているのか。コスト削減を強いる過酷な目標管理か、作り手のモラル低下なのか。同省は今回の不祥事の全容解明はもちろんのこと、この際製造業全般で現場の内実を総点検すべきだ。

十三　「教育無償化」所得格差拡大は論外だ　17年11月14日

安倍晋三首相が総選挙で前面に掲げた「教育無償化」公約がほころびを見せている。財務省はこのほど、大学無償化の一環として自民党が検討している大学授業料の「出世払い」制度は高所得世帯も恩恵を受けるとして反対を表明。年末に政府がまとめる政策パッケージから外したい意向だ。

教育無償化は2019年の消費税増税分の使途を変更、高等教育や幼児保育・教育の無償化に充当するとの内容だ。3～5歳児の全面無償化も格差拡大をもたらしかねず、所得制限など歯止めが必要だ。

1千兆円の財政赤字を抱え効率的で公平な支出が求められているのに、所得の格差拡大が生じるばらまき的無償化は論外だ。首相の公約が修正されれば政治不信が募りかねないが、そもそも有権者を意識して生煮えの政策を強行する手法の方に問題がある。

出世払いは、在学中の授業料を政府が肩代わり、就職後の収入に応じて返済する内容。親の所得を問わず、就職後の収入把握も難しいため、所得格差の拡大や財政負担が増す懸念がある。今後は低所得世帯対象の、授業料減免や17年度に先行実施した給付型奨学金の拡充策が軸となろう。

幼児教育支援も、3～5歳児の保育・幼稚園費用をすべて無償化するのはどうか。所得制限がないと、高額費用を負担する高所得世帯も無償化され、所得の格差は広がる。0～2歳の保育園児の無償化拡大は低所得世帯限定だが、待機児童組の不公平感は増すことになる。待機児童解消が先だ。

無償化等の財源2兆円も問題が多い。3千億円は企業の拠出金で保育所拡充に回すが、負担が増す中小企業に不満が多い。残りの1兆7千億円は消費税率10％へのアップの増収分だ。シルバー世代に偏りがちだった社会保障を全世代型にするのが狙いとはいえ、この分は本来の使途である社会保障費の赤字補塡《ほてん》の流用であるため、赤字は減らず先送りされるだけだ。負担を押しつけられる将来世代の不公平拡大には目をそらし、現役世代の恩恵ばかりを強調するのは、有権者の受け狙いが根底にあるからだろう。

社会保障の全世代化を加速するには、歳出だけでなく累進税率強化など歳入対策と一体の包括的な所得再分配策が必要だ。それには財源論を前提に、給付と負担の具体的線引きなどを政府内で十分検討した上で、国会で議論を尽くす手続きが不可欠だ。政略第1の官邸主導がこの過程を逆転させ、行政が後始末に回る。これでは政策に説得力が出ないのは当然だ。

十四　「税制改正」国政選挙なく増税露骨に　17年12月15日

2018年度の与党税制改正大綱が決まった。格差是正のため、所得税の各種控除を見直すことが最大の特徴だが、所得税で900億円の増税だ。国際観光旅客税や森林環境税を創設し、たばこ税も増税、改正全体では2800億円の増税となる。取りやすい個人を狙う露骨な戦略が鮮明になったのは、国政選挙の予定が当分ないことが背景にあるのは明らかだ。増税で歳出が一層緩む懸念も大きい。

所得から一定額を差し引き税負担を減らす控除のうち、給与所得控除は、年収850万円超の会社員は控除を減らし増税する。230万人が増税となるが、子育てや介護世帯は増税対象から外す。年金以外の所得が1千万円超の20万人は年金控除を縮小、増税する。

その一方で、納税者全てが対象の基礎控除は増額し、自営業など300万人が減税となる。働き方の違いで不公平が生じないよう設定する。いずれも実施は20年からだ。

税の所得再分配を強化する改正は、格差是正に向け一歩前進だ。ただし所得がガラス張りの会社員からじわりと増税し、自営業者の所得の不透明さは棚上げのまま減税する手法では、不満が高まる。国民が納得する公平・中立の理念を掲げ、控除でなく、所得税本体の累進課税強化や所得捕捉徹底など抜本改革に取り組む覚悟が欲しい。

法人税関連では、政権が求める賃金引き上げや、先端技術の設備投資をする企業に対し減税措置を講じ、対応しない企業には税優遇の適用除外とする。企業がため込む余裕資金を「アメとムチ」で経済の成長に活用するのが狙いだ。しかし企業活動に力ずくで介入しては禍根を残しかねない。

紙巻きたばこは1本当たり3円の増税だが、引き上げは段階的とする。消費税を増税する19年度は見送り、18、20、21の各年度1円ずつとする。害の少ない加熱型たばこも18年度から5年かけて、紙巻きの7～9割程度に増税する。

新税も27年ぶりに創設される。国際観光旅客税は、日本人外国人を問わず出国の都度1人千円を19年から徴収する。税の具体的使途はあいまいな見切り発車となる。森林保全のための森林環境税は、住民税に年千円上乗せする東日本大震災の復興特別税が終了する直後の24年度から同方式で同額徴収する。6千万人超が対象だ。ただ多くの自治体には既に同趣旨の税がある。目的が詰まらないまま拙速で創設する感が強い新税だが、官邸主導でさしたる異論もなく決まったのは問題だ。政治の劣化の表れか。

十五　「原発ゼロ法案」元首相の指摘傾聴を　18年1月23日

小泉純一郎元首相が「原発ゼロ法案」を発表、各党に法案の支持と国会提出を求めた。原発の即時停止と新増設禁止、核燃料サイクル撤退、再生可能エネルギーの発電割合を2050年に100％にするなどの内容だ。

現役時代に原発推進の立場だった元首相は、東京電力福島第1原発事故後に「原発は安全で安価か疑問。放射性廃棄物の処理場も未定だ」として反原発に転じた。その持論を基にした再生可能エネルギー推進の基本法案ともいえる。

政府は、安全性が確認された原発の再稼働方針を改めて表明したが、元首相の指摘に傾聴すべき点は多い。世論調査でも、原発即時停止に賛成が、反対を上回っている。政府、与党は法案が提出されれば、真剣に国会論議を行うべきだ。

東京電力福島第1原発事故後、原子力規制委員会は、活断層上の発電所は不可、津波対策や建屋強靭《きょうじん》化など規制基準を厳格化。それでも広島高裁は昨年12月、四国電力伊方原発3号機の運転を、130キロ離れた阿蘇山の噴火リスクを理由に、差し止め決定した。稼働中の原発は4基だ。また政府発表では、北海道東部沖の北米プレート境界で大津波を伴う超巨大地震の発生が切迫している。日本列島は四つのプレートの境界上に位置し、地球の活火山の約1割が集中。地震の負荷もかかりやすい世界でも特異な地形で、原発の安全対策を超える過酷事故が起きても想定外とはいえない環境にある。

30年時の発電価格は、政府予測で、石炭火力や太陽光は1キロワット時12円、原発は10円と最も安価な電源と試算している。しかし、安全対策費の膨張や廃炉、廃棄物処理などの費用を含めると割高となるのは常識だ。関西電力が昨年末に、大飯原発の1、2号機の再稼働を断念し廃炉を決定したのは、安全対策費の増加で採算が取れないからだ。

経済性の極みのはずの核燃料サイクルも事実上破綻している。使用済み燃料の再処理で得るプルトニウムを燃料に使う高速増殖炉「もんじゅ」はトラブル続きで既に廃炉が決定、青森県六ケ所村の再処理工場の稼働もめどが立たない。1万7千トンもの使用済み燃料の処分場選定は絶望的だ。

政府のエネルギー基本計画は近く更新期を迎える。原発比率を30年に2割（原発約30基分）、核燃料サイクル堅持、処分場の候補地決定などの現行計画は維持し続けるのか。現役の政治家や官僚は、責任の先送りや自己保身に傾かず、原発の現状に真面目に向き合う義務がある。

十六「財政健全化目標」達成の意欲あるのか　18年2月15日

財政健全化目標は後退する一方だ。2020年度めどの目標を断念した政府は、6月にも策定する新目標の基となる財政見通し試算を発表した。

健全化の指標は、国と地方の政策的経費を借金に頼らず税収などで賄う「基礎的財政収支」だ。この黒字化は、現行の歳出策を前提に政府が見込む経済成長が実現するとした試算でも、27年度にずれ込む。このため政府は今後一段の歳出抑制に取り組み、25年度前の目標達成を目指す。

これで財政赤字の累増に今度こそは歯止めがかかるのだろうか。20年度黒字化の目標は、成長率の高過ぎた設定に教育無償化の歳出が加わり、10兆8千億円の赤字と、無残な結果になる見通しだ。現政権の現実離れした高い成長率見込みと歳出膨張路線が改まらない限り、財政健全化は逃げ水のように先送りが続く懸念が強い。

27年度黒字化の鍵となる経済成長率は、政策効果が出るケースで名目3％台半ば、実質2％前後と、昨年7月の試算よりは抑え気味に設定した。それでも1％程度の成長が日本経済の実力と見込まれる現状から、エコノミストの多くは「高過ぎる」と懐疑的な見方だ。

名目1％台後半、実質1％強と、より現実に即したケースでは、27年度でも8兆5千億円の赤字が出る計算だ。これだと現政権は選択しづらいだろう。

それはなぜか。無理と分かりながら高めの成長目標を掲げ続けることによって、財政は抑制策でなく刺激策を持続する名分ができるからだ。「歳出削減より成長優先」の経済運営は目先の痛みを避ける効果を持つ。

安倍晋三首相は国会答弁で「税収を増やし、国債発行を減らした」と健全化に胸を張るが、全くの見当違いだ。税収は確かに現政権になって14兆円増える見込みだが、国債発行の削減は毎年度の赤字積み増し分が減る意味でしかない。重要なのは累積赤字（国債発行残高）の削減なのだが、5年間で発行残高は逆に160兆円も膨らむ。税収は増加しているのに、歳出膨張に歯止めがかかっていないからである。

税収の範囲内で経費を賄う基礎的収支の黒字化こそ次世代の負担増を断ち切る指標なのだが、全く頓着がないかのようだ。

新目標策定のもう1つの鍵は歳出抑制策だ。社会保障費の自然増加分1兆円の削減が焦点となるが、その前に膨らみ続ける公共事業や防衛費など聖域なき歳出抑制の覚悟が必要だ。新目標のゴールはいずれにしろ現政権の後になる。達成意欲の本気度を注視したい。

十七 「米が鉄鋼アルミ高関税」どこまで自分本位なのか　18年3月13日

トランプ米大統領が、米国が輸入する鉄鋼・アルミ製品に対する貿易制限措置を決めた。輸入に押され業績が低迷している両産業を存続させるためとして、鉄鋼に25％、アルミに10％の関税を今月中に課す。安全保障への影響を理由に貿易制限を可能とする米通商拡大法による措置だが、冷戦時代の1982年にリビア産原油輸入に発動して以来の異例の対応だ。

安保名目に自由貿易のルールを無視した保護主義の鮮明化は、世界の鉄鋼・アルミ市場に混乱をもたらす。対象国・地域との間で報復の応酬を招く懸念が強い。貿易戦争の引き金になる「危険なゲーム」との自覚は、大統領にはあるまい。

鉄鋼やアルミは、航空機、自動車の部品など多様な用途があり、世界各国で生産されている。中でも新興の中国の増産が突出し、世界市場に安価な製品が流通、米企業の業績悪化の一因であるのも事実だ。米商務省の報告は「両産業存続には設備稼働率80％への引き上げが必要」と指摘。貿易制限はそのための措置という。しかし世界の市況低迷は、日欧など主要企業の共通の悩みでもある。貿易制限ではなく、中国の過剰設備削減や、世界貿易機関（WTO）の監視強化などで調整すべき課題である。

中国は早速「貿易戦争は望まないが、中国の利益を損なう措置を取れば、相応の対応をする」と対抗する姿勢だ。欧州連合（EU）も「安全保障は同盟国には正当性がない」として、WTOへの提訴や二輪車やバーボン、ジーパンなど36 5 0億円相当の米からの輸入品に25％の報復関税を検討している。

鉄鋼・アルミとも米の最多輸入国であるカナダと、メキシコは北米自由貿易協定（NAFTA）再交渉を理由に当面適用除外となる。同盟国のオーストラリアも除外される。日本やEUには、別な貿易品目を絡め交渉の余地ありの構えだが、高関税を掲げたどう喝交渉は、公正とは言えない。日本も関税除外を求めるだけでなく、貿易制限に毅然《きぜん》と反対すべきだ。

世界から総すかん状態にある中で、米国で歓迎しているのは貿易制限の恩恵を受ける鉄鋼・アルミ業界のみだ。割高となる製品を使用せざるを得ない航空機、自動車はじめ幅広い米国産業、国民には負担がのし掛かる。

それにもかかわらず実施する真の狙いは、秋の中間選挙に向けて自らの支持母体をつなぎとめておきたいからなのは明白だ。もはや「米国第1」ですらない。どこまで無定見で破壊的な「自分本位」を続ける気なのか。

十八 「原油70ドル台乗せ」適温経済揺らぐ懸念 18年5月17日

原油価格が米・イラン関係の緊迫化をきっかけに1バレル＝70ドルを超えた。一時は大幅な供給過剰で需給バランスが崩れ、約2年前には26ドル台まで下落。その後産油国の減産効果でじり高歩調に転じ、直近の高値は先物の指標である米国産標準油種（WTI）で1バレル＝71ドル台と、3年半ぶりの高値圏に戻った。

再生可能エネルギーの推進などで石油離れが進んだが、全エネルギー消費に占める世界の石油依存度は3分の1と最大だ。影響力はなお大きい。日本でも電気料金が6月まで4カ月連続の値上げとなり、ガソリンも一時1リットル＝147円台の高値を付けた。さらなる上昇は産油国には追い風でも、世界景気に安定をもたらす「適温経済」の足元を揺るがしかねない。警戒ゾーンに入りつつあるとみるべきだ。

原油価格の決定には、産油国の生産事情と需要動向の需給関係を基本に、不安定な中東情勢の地政学的要因が加わる。さらにこれらの要因に絡んだ投機マネーの思惑的な売買で、大幅に乱高下しやすいのが特徴だ。

史上最高値は、リーマンショック直前の2008年7月に、投機マネーの流入などで記録した147ドルだ。その後、最大の原油輸入国である中国の経済の落ち込み、米国産シェールオイルの市場参入とこれに対抗した最大輸出国・サウジアラビアなどの増産、イランに対する欧米などの制裁解除も加わり、16年1月にはリーマンショック後最安値の26ドル台まで急落した。

暴落により原油生産が採算割れとなった危機感から、その後は石油輸出国機構（OPEC）中心に協調減産に踏み切る一方で、中国経済の持ち直しや米景気回復による在庫減少もあって、トレンドは上昇基調にある。

石油業界筋は「シェールオイル生産の採算ラインは70ドル前後とみられ、この水準まで上がると採掘装置（リグ）が本格稼働に入る」という。このため価格は当面、下げ圧力がかかる70ドル近辺を天井に、中東産原油の採算ラインとみられる40ドル前後の間で推移するとの見立てだ。一時のように100ドルを大幅に超える上昇に歯止めがかかるなら安心だ。

しかし米英仏など6カ国とイランの核開発抑制合意から、トランプ米大統領が離脱を表明。制裁再開の緊迫化した情勢の中で、需給逼迫《ひっぱく》の懸念も台頭している。OPECの盟主サウジは「80ドルから100ドルを目指す」との強気の観測もある。中東リスクに投機筋の思惑が絡み、価格急騰が現実味を増す。

十九 「Ｇ７サミット」米の孤立化は当然だ １８年６月14日

カナダで開かれた先進7カ国（Ｇ７）首脳会議（サミット）は、自由貿易の原則に反する一方的な輸入制限を発動したトランプ米大統領と、他の首脳との対立が際立つ異例の会議となった。

自由貿易の堅持や米朝首脳会談支持などをうたった首脳宣言は辛うじて合意に達したが、大統領は米朝首脳会談を控え、２日目の会議を欠席。その後ツイッターで「宣言を承認しない」と傍若無人ぶりをさらけ出し、「Ｇ６プラス１」の対立構図は決定的となった。

米国主導でＧ７の協調を確認してきたサミットに、自ら背を向け、６カ国が対米包囲網を形成したのは初めてのことだ。国際秩序の礎だったＧ７体制の亀裂は、世界に混乱をもたらすだけだ。選挙対策で支持率優先の大統領に、これ以上振り回されてはたまらない。国内外で大統領の翻意を強く促す行動が必要だ。

「米国第1」を掲げ大統領が初めて参加した昨年は様子見気分が強かったが、今回激変した要因は、貿易制限に関する米の強硬措置だ。鉄鋼・アルミの輸入関税に加え、自動車への高関税を武器に貿易赤字削減を迫る大統領に、欧州各国は「貿易は国際ルールに基づくべきだ」と批判するなど報復関税での対抗姿勢を示した。米の無理難題で難航する北米自由貿易協定（ＮＡＦＴＡ）再交渉の当事国であるカナダも、欧州側に同調した。

首脳宣言は「ルールに基づく貿易」とともに、米が主張するG7域内の「関税引き下げ努力」を盛り込みバランスを保ったが、大統領の横やりで宙に浮いた格好だ。

貿易に限らず、温暖化防止のパリ協定離脱、イラン核合意離脱など大統領の暴走は止まらない。クリミア併合を巡り排除されたロシアのG7復帰を唐突に提案したが、会議で一蹴された。各国の協調で積み上げた結果を理不尽に踏みにじる手法を続けていては、孤立化するのも当然だ。

大統領と親密な安倍晋三首相は、サミットで期待された調整役を果たした、と自画自賛するが結果はどうか。首脳宣言をトランプ大統領に覆されたのは大きな誤算だろう。対ロシアでは制裁維持を首脳が確認したものの、その後の会見で首相は「ロシアの建設的な関与も必要」と述べた。G7復帰を提案した大統領への配慮やロシアのプーチン大統領と首相との密接な関係からの発言だろうが、領土不可侵の原則はどうするのか。無定見なトランプ大統領と「100パーセントともにある」と公言していては日和見的な無節操さが増し、日本のためにはならない。

二十　「税収増と歳出膨張」財政健全化どこ吹く風か　18年7月18日

2017年度の税収が58兆8千億円と、バブル景気の絶頂の1990年度と直後の91年度に次ぐ3番目の高水準に達した。当初見積もりより1兆円、16年度比では3兆円超の増加だ。

法人税が円安による輸出好調を背景に16・1％と高い伸びの12兆円、所得税が7・2％増の18兆9千億円、消費税が1・7％増加し17兆5千億円だった。土地や株式の譲渡税で税収が膨らんだバブル期と違い、輸出企業の業績向上が波及した税収増といえる。

しかし、収入が増えれば抱えた借金を減らすのが家計の常識だが、現在の財政事情はこの常識が通用しない。税収増で新規国債発行は当初予算より2兆円減らしたものの33兆円に上り、累積借金残高は860兆円台に膨らんだ。税収が伸びても、それ以上に歳出を増やしているからだ。

税収が60兆円とピークだった90年度は、歳出が69兆円、その差額を手当てする国債発行も6兆円だった。その後税収が一進一退で推移したのに対し、歳出はほぼ一貫して増え、17年度は90年度比で1・4倍、新規国債発行も5倍に膨らみ、歳出の3割を借金で賄う構造だ。

社会保障費が歳出全体の3割まで増加したことが大きいが、それ以上に、景気が悪化すれば財政に頼り、ゆとりが出れば大盤振る舞い。財政に対する政治のたがの緩みこそが元凶である。

それに拍車を掛けたのが現政権だ。社会保障に充てる消費税引き上げを2度延期した末に、増税分を当て込んだ教育無償化を決定。政策経費を税収で賄う基礎的財政収支の黒字化目標を20年度から25年度に延期したばかりだが、早くも新目標さえ達成は不可能とする試算も出る始末だ。

18年度は59兆円台の税収を見込むが、環境は好調だった前年度と異なる。原油高や米中貿易摩擦激化などで下振れ懸念含みだ。だが与党は、財政健全化どこ吹く風の様子で、補正予算を求める動きが強まっている。

統一地方選や参院選を控える19年度予算編成も、概算要求基準の歳出上限枠を6年連続で見送った上、成長分野が対象の特別枠に前年度比1割増の4兆4千億円を用意。19年10月の消費税増税に備え景気対策も別枠にする。政権維持に直結する野放図なばらまきに、金庫番の財務省は度重なる不祥事で無力化している。

国の根幹である財政にここまで無責任な政権はかつてなかった。負託する国民は「後は野となれ」と逃げ切るわけにはいかないのだ。財政は一内閣の財布ではない。

二十一 「経済政策の看板」上書き重ね成果どこに 18年9月26日

今後3年続く歴代最長政権を視野に入れた安倍晋三首相は、公的年金受給開始を70歳超まで繰り下げできる「生涯現役社会」造りを前面に掲げた。

第2次安倍内閣が発足した約6年前の看板政策は「デフレからの脱却」を目指し、異次元の金融緩和、財政出動、成長戦略の三本の矢だった。それ以降も地方創生、新三本の矢、働き方改革、人づくり革命、教育無償化など、内閣改造などのたびごとに目まぐるしく看板を上書きした。政策を絞り、遂行してきた政権が多い中で異彩を放つ。

政策のアドバルーンは衆目を集める効果はあるが、目くらましのようでは、目指す社会の方向がかすむ。政権終盤の今後は政策を検証し、成果を上げる努力をすべきだ。

政策の多彩ぶりは歴代政権と比べれば一目瞭然だ。短命で実績がなかった内閣も多いが、中曽根康弘内閣が国鉄の分割民営化、竹下登内閣が消費税導入、橋本龍太郎内閣が省庁再編、小泉純一郎内閣が郵政民営化、野田佳彦内閣が税と社会保障の一体改革などで成果を上げた。少子高齢化に備え、財政スリム化による小さな政府と高負担化する社会保障の制度設計という、痛み覚悟の時代的使命感で一貫している。

現政権は財政金融による強気の経済押し上げ路線に転換。「三本の矢」期待で景気は好転したが、全てがアベノミクス効果かは疑問だ。実情は行き過ぎた円高の修正や景気循環の上昇局面による面が大きく、恩恵も大企業中心だ。家計や地方に活力は及ばず、成長率は1％近辺で低迷。1人当たり国内総生産（GDP）は世界で20位台に沈む。

むしろ金融緩和や歳出膨張策の継続が、市場機能の不全や地域金融機関の収益低迷、財政規律の喪失を招いた。副作用のリスクに目を覆う強気路線は、時代に適合しているとは言い難い。

しかし評価は「道半ば」で済ませ、「2020年度にGDP600兆円目標」などの新三本の矢で上書きした。実現しても国際的な計算基準の変更の効果によるもので、国民に実感はあるまい。

働き方改革は専門職の勤務時間が増え、幼児教育無償化や子育て支援策は、待機児童の増加を招く懸念が強い。今回の「生涯現役社会」を含め一連の政策は、少子化の穴埋めのために国民に総動員勤労を迫るが、社会保障の絵図は白紙状態だ。

首相が、子供たちに引き渡すと力説する「誇りある日本」の3年後は安心できるのか。国民が果実を得られず、借金は膨らむ一方ならば、最長政権は何だったのかとなる。

二十二　「日米新通商交渉」TPP合意の線譲るな　18年9月28日

トランプ米大統領が世界中で強硬な貿易赤字削減策を発動する中、日本も通商交渉に応じることになった。ニューヨークでの日米首脳会談で、貿易不均衡是正を目指す物品貿易協定締結に向けた交渉開始で合意、年明けから本格交渉に入る。

トランプ政権は日本に対し、牛肉など農産物の対日輸出拡大や日本からの自動車輸入に対する25%の追加関税を辞さない構えで、2国間交渉を迫っていた。これに関し首脳会談後の共同声明で（1）交渉期間中は自動車の新たな関税発動は回避（2）農産物交渉は、環太平洋連携協定（TPP）合意を尊重する―との内容を確認した。

しかし交渉入りの時点で日本の懸念は棚上げされたものの、今後の交渉で農産物の市場参入が焦点になるのは確実だ。性急に成果を求める大統領の無理難題に応じ、TPP合意の線を譲るようなことがあってはならない。

既に鉄鋼・アルミニウムで制裁関税が発動されたのに加え、日本の対米輸出総額の4割近くを占める自動車への高関税が現実となれば、日本経済への打撃は計り知れない。このため日本は自動車関税回避を最優先に、尻込みしていた2国間交渉を受け入れた。いわば自動車関税回避と交渉開始をセットにした形だ。

一方、農産物で米国の関心が強い牛肉関税では、TPP参加国は最終的に9％となる。しかし米国は、トランプ政権でTPPを離脱したため、適用除外で、通常の38・5％が適用される。共同声明で日本は、TPP合意の線が最大限の譲歩余地と強調したが、2国間交渉で有利に運ぼうとする米側が、TPP合意を上回る身勝手な要求に出る懸念は消せない。いったん米国も合意したTPPルールからの抜け駆けは信義にもとる。日本も「自動車を守るために農産物を差し出した」と見られないようにしたい。

米国発の貿易紛争のきっかけは8千億ドル（昨年）に膨らむ貿易赤字だが、中国との赤字が約半分と断然多い。次いで欧州連合（EU）、メキシコで、日本はその次だ。背景には好景気による米国の旺盛な購買力、中国からの輸入急増、基幹産業が新興国に移転し貿易赤字が増えがちな先進国共通の傾向などが複雑に絡む。「高関税の保護主義的対応では、輸出コストも増え貿易収支は改善しない」とする米エコノミストの指摘もある。

これらを無視して強硬姿勢を取るのは、11月の米中間選挙を強く意識してのことだ。対中や対カナダとの貿易交渉は長期戦の様相だ。日本にも粘り強い交渉を求めたい。

二十三　「米中首脳会談」休戦機に交渉正常化を　18年12月3日

米中貿易戦争はひとまず休戦となる。アルゼンチンでの20カ国・地域（G20）首脳会合の際に持たれた米中首脳会談は（1）米国産農産物やエネルギーなどの輸入を拡大（2）米国が標的とする中国の知的財産権侵害など構造問題は今後90日間の協議で解決を図る—ことで合意した。

これにより米国が1月に予定していた対中輸入の2千億ドルに課す25％の追加関税（現在10％）は協議の間見送る。

世界で1、2位の経済大国間の貿易不均衡を巡り高関税の報復合戦が加速する事態は、世界経済にとって最大のリスクであるだけに、双方の歩み寄りを歓迎したい。

G20首脳宣言では、公正な貿易強化のため世界貿易機関（WTO）改革を明記。このため、知財権侵害などで他国から批判を浴びる中国側は、今後の協議で守勢に立たされそうだ。

トランプ米大統領の制裁関税を引き金とした貿易戦争が休戦となるのは、高関税の応酬が両国経済に打撃を与え始めたことが大きい。米国は部品などの輸入経費増が製造業の収益を圧迫、大豆などの農家も中国の報復関税で打撃を受けた。中国の景気も物価上昇や人民元安で下降気味だ。

影響は世界経済にも連鎖し、G20がこの半年で取った貿易制限措置の対象が約54兆円と、前回調査と比べて6倍と急増。米国の制裁関税とその報復関税が主要因と、WTOも深刻に受け止める。

しかし中国の示した輸入拡大策で貿易不均衡は改善に向かっても、対立は解けない。米中摩擦の根底には、安全保障に関わる先端技術分野での攻防があるからだ。同分野では中国の勢いが目立ち「次世代の情報技術開発では米国が追い抜かれている分野もある」との見方が多く、米国の危機感を深めている。

しかも中国の勢いの源泉は知財権侵害のほか先端産業への補助金政策、国外先進企業からの技術移転の強要といったルール違反にあるとの不信感が、対中強硬姿勢に直結している。米国が中国通信機器大手の華為技術（ファーウェイ）の次世代新製品を使用しないよう同盟国に呼び掛けているのも、中国政府による通信傍受の恐れという安保上の警戒からだ。

貿易問題を超えて安全保障面での覇権を巡る大国間の攻防が摩擦の核心になりつつあるだけに、双方とも簡単には譲歩できまい。米国は今後の協議が不調に終われば追加関税を発動する構えだが、今回の合意を機に、両国は力の対決ではなく貿易ルールに基づく交渉へ正常化を図るべきだ。

二十四　「二大自由貿易圏が発効」１強より互恵の道を　１９年１月10日

日本など11カ国が参加し自由経済圏を目指す環太平洋連携協定（ＴＰＰ）が昨年末に発効した。域内の農産物や工業製品の関税の引き下げや撤廃で、自由貿易を拡大。サービスや投資の市場開放も進め、知的財産権などのルールを整備する。

シンガポール、カナダ、メキシコ、オーストラリアなど全加盟国で、世界の国内総生産（ＧＤＰ）の13％に相当する。タイや韓国、英国なども参加に意欲的だ。

日本と欧州連合（ＥＵ）との間で自由貿易などを拡大させる経済連携協定（ＥＰＡ）も2月に発効。これは世界のＧＤＰの３割を占め、ＴＰＰと合わせ二大自由貿易圏の誕生となる。トランプ米大統領は1強志向で保護主義の道をまい進しているが、互恵関係を育む自由貿易圏の拡大こそが、賢明な選択といえる。

日本の関税は将来的にＴＰＰ、日欧ＥＰＡとも全貿易品目の95％前後が撤廃される。加盟国の消費者は自動車や家電、高品質の食品やブランド品など輸入品が安く手に入る。日本では欧州産ワインが関税の即時撤廃で2月から相次いで値下げされる。産業界でも、日本の自動車や家電など競争力のある産業にとって市場拡大の好機だ。

半面で競争力の弱い産業は厳しい状況に置かれる。このため、日本はＴＰＰでコメ、麦、牛・豚肉、乳製品、砂糖の5分野は関税を徐々に下げるが撤廃はせず保護、育成を図る。日欧ＥＰＡでも、欧州産チーズの関税が低率となるのは当面一定数量に限る。しかし受け身の対応だけでなく、競争力強化の機会と捉え、効率化や品質向上などに努めることが重要だ。

一方米国は当初、対中包囲網の一環としてＴＰＰを主導したが、「米国第1」のトランプ政権になって離脱。この地域における自由経済圏の最終目標である東アジア地域包括的経済連携（ＲＣＥＰ）実現に向けた主導権は、中国に移りつつある。米のＴＰＰ脱退は、同地域における対中基本戦略も台無しにした。

米国の振る舞いは対ＥＵでも同様だ。日欧ＥＰＡ交渉に先行していた米欧間の環大西洋貿易投資協定（ＴＴＩＰ）交渉は、トランプ政権になって頓挫した。自ら選んだ道とはいえ、経済連携面で米国の孤立化は際立つ。

2国間交渉を重視する米国は、年明けからの対中協議で成果を得た上で、その後の日米交渉に臨む。農産物の関税削減・撤廃、為替操作の禁止、非関税障壁など包括的分野で強硬な対日方針を鮮明にしているが、日本はＴＰＰの水準以上に譲歩するわけにはいかない。

二十五　「問われる官邸官僚」攻めの政策が裏目に　19年2月14日

政府が進める経済政策は随所で破綻、手詰まり感が目立ってきた。基盤政策である「成長なくして財政再建なし」のアベノミクスは、ばらまき予算加速で財政健全化は絶望的だ。金融緩和継続も景気拡大の実感はなく、賃金の伸びは鈍い。そんな中、毎月勤労統計の不正で昨年の賃金上昇率の上振れが発覚。物価上昇分を引き実質マイナスとの参考値もあり、国会で「アベノミクス偽装だ」と追及を受けている。

「ドリルで穴を開ける」とした岩盤規制緩和は、国家戦略特区での加計学園の獣医学部新設以降は影が薄い。ベンチャー企業育成の官民ファンドは発足3カ月でつまずき、成長戦略の目玉だった原発輸出も安全費用がかさみ全滅した。

この惨状は政策の司令塔の「官邸官僚」、とりわけ経済産業省出身官僚の強引な攻めの手法が裏目に出たためではないか。

政府の政策運営は従来、関係省庁間での調整を基に落としどころを探る手法を取っていた。しかし、迅速な意思決定が求められる時代となり、官邸機能を強化。強引で性急な政権運営を図る現政権は、各省庁から内閣官房に優秀な人材を次々抜てき。各省庁の空洞化が進む一方で、官邸官僚は肥大化した。

中でも、日本経済の退潮に伴い存在感が薄れていた経産省の重用が目立つ。その筆頭格が同省出身の政務秘書官だ。首相秘書官は現在、財務、外務、経産、警察、防衛の各省庁出身の5人だが、その束ね役の政務秘書官に官僚が登用されるのは珍しい。この秘書官は事務次官の有力候補だったが、第1次安倍政権時に秘書官を務めた縁で起用された。首相の懐刀、分身とさえみられる実力者で、政府内には「政策の全て、北方領土交渉にも深く絡んでいる」との指摘もある。

通商政策への影響力を落とし、規制緩和で国内政策の権限も縮小した経産省にとって、失地回復の絶好機ではあろう。だが攻め一辺倒には危うさが付きまとう。成長重視のあまり、根幹の財政健全化は軽視、世界的潮流である再生可能エネルギーより、原発にこだわるのも経産官僚の体質だ。攻めの姿勢自体は良いとしても、他省庁との力の均衡、調整機能が働かないと、いびつな政策が暴走する。

同省OBも「財政や社会保障、外交など専門外の経産官僚が、政策全般を主導すべきでない」と警告する。戦前に統制経済策定にまい進した官僚群は革新官僚ともてはやされたが戦時総動員体制に道を開いた。官邸官僚も独善では国を過つ。

第五章
ＩＴとコロナと格差社会

一 「ＩＴ企業と公取委」デジタル取引の監視強化を　１９年３月11日

公正取引委員会が、巨大ＩＴ企業による取引実態の本格解明に着手した。ＩＴで蓄積された情報（ビッグデータ）を企業活動に生かすデジタル経済の急進展で、取引実態が不透明化。中小事業者や個人が不利な立場に回る懸念が強いからだ。

照準を向けた先は検索サービスやＩＴ機器、会員制交流サイト（ＳＮＳ）、ネット通販の世界的ＩＴ企業ＧＡＦＡ（グーグル、アップル、フェイスブック、アマゾン・コム）のほか、楽天やヤフーなど日本企業も含む。

既に取引実態の網羅的なアンケートを始めた。調査に非協力的な企業に対して強制調査権の行使も辞さず、独禁法で規制されるデジタル取引に関する新指針を策定する方針だ。土木工事の談合など従来型経済取引の監視が主だった公取委が、デジタル取引にメスを入れる。画期的な一歩であり、評価したい。

公取委が問題視した事例は、アマゾンジャパンが始める新たなポイント還元サービスだ。アマゾンに出店する事業者の負担で行うため、立場の弱い事業者に過度の負担を強いるとすれば独禁法で禁止する「優越的地位の乱用」に当たるとの見立てだ。双方からアンケートや聞き取り調査を進めている。

「優越的地位の乱用」は、事業者間の取引だけでなく、ＩＴ企業と個人利用者との取引にも適用可能とみる。個人が検索機能やＳＮＳを無料で利用するのと引き換えに、企業が個人情報を収集するのを取引とみなす。これを無断で行い、一方的に外部の業者などに漏えいするのは「優越的地位の乱用」との判断だ。

デジタル経済化が先行する欧州は、ＩＴ企業に対しデータ保護規制を強化。個人情報収集を巡りグーグルに制裁金支払い命令を下した例がある。公取委も、個人情報収集の際の本人同意や漏えい規制などプライバシー保護の観点も、新指針に盛り込む。

デジタル化はＧＡＦＡ以外でも広がり、経済社会の構造変化は、予想を超えるスピードで進む。ビッグデータを活用したシェアリングエコノミー（共有型経済）の発想は、顧客と提供者を直結する配車サービスのウーバー、自宅の一時貸し出しを仲介するエアビーアンドビーなど新たなビジネスを次々創造している。

デジタル化の共通基盤となるのがプラットフォームである。その提供者である巨大ＩＴ企業が、ビッグデータを基に広告や手数料などで得る収益は膨らむ一方だ。公取委には、デジタル化が進む企業取引の実態把握と監視強化を促したい。

二　「デジタル経済の波」新たな統計整備を急げ　19年4月25日

デジタル経済化の波が多方面に及び、従来の経済構造を前提とした物差しでは測れない新事態が到来している。

デジタル経済は、スマートフォンなどIT活用による情報網整備と、行き交う膨大な情報に基づく経済活動の総称だ。国境を越えるネットワーク化とビッグデータというインフラに加え、人工知能（AI）、IoT（モノのインターネット）、超高速大容量の第5世代（5G）移動通信システムでデジタル化が一気に加速する段階に入った。

海外旅行のサイトを使えば、旅行代理店を通さず瞬時に現地のホテルや航空運賃が提示され、支払い希望価格に見合う旅行ができる。こうした経済活動の浸透は、消費者には歓迎だが、大手サイトの優位や既存事業の圧迫要因にもなる。

政府はその実像把握に乗り出しているが、デジタル化のスピードに追い付けないのが実情だ。物価や消費、国内総生産（GDP）への寄与度はデータに反映されず、従来指標での政策運営が続く。

旧来発想から抜け出せない感が強かったのが、国会での毎月勤労統計を巡る議論だ。野党は、実質賃金は下がったのに、統計不正で上振れしたのはアベノミクス偽装と批判。政府は成長戦略に都合の良い数字をつまみ食いして成果を誇る。議論はすれ違いのまま違和感が残った。政府、野党とも、従来の指標にとらわれ、現在進行中のデジタル経済化の視点が欠けていたのではないか。

賃金は伸び悩んでも、例えばカーシェアリング（車の共同利用）やネット通販による家具、衣料品、書籍などの割安化など消費環境は効率化している。さらにモノや技術などの資産が、所有から共用に移行する経済システムの変革も視野に入る。これは一時的に生産活動が鈍り、ＧＤＰを抑制しかねない面も抱えるが、長期的には資源の効率性を伴いながら付加価値の増加をもたらす。

政府は、過度な積極財政と金融緩和のアベノミクスを6年超も継続している。だが従来型政策と全く別なところで、経済の地殻変動が起きていることに目を凝らすべきだ。

ずれが目立ちつつある政策の典型は、自動車関連税制だ。現行税制は車の個人所有が前提だが、車も所有から共有・共用の時代に入れば、税収は減少する。政府税制調査会も、所有課税でなく走行距離を指標にする走行税の適否を年末に議論の俎上《そじょう》に載せる見通しだ。

デジタル経済時代に見合う政策目標には、指標となる統計整備が急務だ。さもないと的外れの政策が続くことになる。

三　「Ｇ20大阪サミット」米国に振り回され過ぎだ　19年7月1日

米中の貿易摩擦や中東情勢の緊迫化など対立が深まる世界で、リーダーたちは融和への道筋を付けることができたのか。

20カ国・地域首脳会議（G20大阪サミット）は首脳宣言で、米中対立を念頭に「自由、公平、無差別」の貿易原則を掲げた。会議に合わせた米中首脳会談は、米国の追加関税先送りや貿易協議継続で合意した。

しかし、米が批判する産業補助金は中国経済の根幹であり、米政権にも「自国第1」を見直す考えはない。米国が関税を武器に譲歩を迫る協議が、今後どう展開するのか依然不透明だ。地球環境対策のパリ協定の順守を巡っても、米国と他国との対立が露呈。協調をうたった宣言と現実の隔たりは大きい。

「対立点より共通点を見いだしたい」というのが、議長国の安倍晋三首相の基本姿勢だった。それは、難問は避け一致しやすい答えを並べた宣言文ににじむ。だが2008年のリーマンショック後に始まったG20サミットの精神は、先進国と新興国の対立を調整して世界の安定に寄与することだ。大阪サミットが世界の求める緊張緩和に応えたとは到底言えまい。

首脳宣言は、世界貿易機関（WTO）の機能強化に向けた改革の必要性を指摘。その一環でデジタル経済に不可欠なデータ流通の国際ルールを日本が提唱したが、議論はまだ生煮えだ。各論では各国の隔たりは大きく、インドなどは署名しなかった。パリ協定については、離脱した米国に配慮しようとした日本に批判が集中、19カ国・地域が協定実行を再確認する異例の形になった。海洋プラスチックごみ汚染の50年ゼロ目標は共有できた。

米中貿易摩擦は首脳会談で、協議継続で合意したとはいえ、懸案先送りにすぎない。米国は、高速大容量の第５世代（５Ｇ）通信機器大手のファーウェイへの部品販売は容認したが、今後も強硬姿勢による波乱含みの協議は避けられまい。世界はトランプ米大統領の予測不能な言動に振り回され過ぎている。米国の身勝手な姿勢が改まらない限り、世界の安定化は難しいだろう。

安倍首相の采配では、結束を印象付ける華やかな舞台の演出や盟友の大統領への気遣いが目立った。緊迫化するイラン情勢に各国の関心は強かったが、首相は「（各国が）それぞれの役割を果たしていく」と述べるにとどめた。貿易交渉に安全保障を絡め揺さぶりを掛ける大統領に対して、真意をたださなかったのは残念だ。今後ヤマ場を迎える日米交渉が思いやられる。

四　「米10年半ぶり利下げ」緩和マネーに警戒を　１９年８月５日

米連邦準備制度理事会（ＦＲＢ）は８月から、政策金利を10年半ぶりに０・25％下げ、年２・０〜２・25％とした。パウエル議長は利下げ発表時に米中貿易摩擦を念頭に「景気の下振れリスクを回避するため」と説明、予防的対応であることを強調した。金利が下がれば企業や個人はお金を借りやすくなる。需要を喚起し景気減速を回避できるとの狙いだ。

しかしその一方で、今回の利下げは、ＦＲＢのシナリオを超える懸念もはらむ。２００８年12月の利下げは、リーマンショック後に落ち込んだ景気てこ入れが目的だったが、今回は局面が全く異なる。10年超えの最長の景気拡大が続き、金利も低水準にある中での利下げだ。企業の設備投資や消費など実体経済の資金需要をさらに刺激するのか疑問だ。

むしろ緩和マネーが市場にあふれ、投機に向かうバブルリスクを警戒すべきではないか。既に信用力は低いが高利回りのローン担保証券に投資家の人気が集まる。リーマンショックの導火線になったサブプライムローンと似た現象が出ている。

同議長は「長期にわたる利下げの始まりではない」と緩和局面入りは否定したが、選挙優先のトランプ大統領は金融政策の独立性を無視して、大幅緩和の圧力を高める。市場も同調して揺さぶりをかける。今後、さらなる利下げが強いられるようだと、バブル経済化を促進することになろう。

米国の利下げは国外にも波及する。欧州中央銀行（ＥＣＢ）は９月にも利下げに動く見込みだ。フィリピン、インドネシア、ブラジルなど新興国にも連鎖する緩和強化が世界経済にプラスとなるのか。緩和マネーがバブルを膨らませるのか。注視すべき段階だ。

さらに利下げには、通貨安を誘導し輸出競争力を保つとの意図も込められている。各国の利下げに拍車が掛かりかねない。その中で、日銀の金融政策の手詰まり感が目立ち、円の独歩高が進む懸念がある。日銀は７月の会合で緩和強化を見送り、短期金利をマイナス０・１％に据え置いた。黒田東彦総裁は「追加的な手段はいくつもある」と強気の発言に終始したが、出尽くし感があるのが内実ではないか。

円高回避のため利下げをしようにも、マイナス幅がさらに拡大すれば、経営悪化に直面する金融機関が打撃を受けることになり、限界がある。10月の消費税率アップを控えて、米中摩擦の影響に加え、有効な緩和策が打てなければ景気後退を招きかねない。金融政策の機能不全が心配だ。

五　「日米貿易協定合意」自由貿易の旗手なのか　１９年９月30日

トランプ米大統領が貿易不均衡是正を迫り、1年続いた日米交渉が妥結した。日本政府は「ウィンウィン（相互利益）の結論」と自賛したが、内実はどうだろうか。

来年1月に発効予定の日米貿易協定で、米国の対日市場参入は拡大する。米国が環太平洋連携協定（ＴＰＰ）を離脱したため、オーストラリアなど加盟国より不利な扱いとなっていた農産物の関税率が総じてＴＰＰ並みの水準に下がるからだ。

日本もＴＰＰの既定水準内に関税率を収められたことで農業者は当面ひと安心だろう。牛・豚肉やワインなど安価な製品の品ぞろえが広がることは消費者にも朗報だ。米国が交渉の武器とした輸入日本車への25％の高関税や数量規制もひとまず回避できた。無難な着地点だったように見える。

しかし協定は、米国が実質的にＴＰＰの大枠に戻ったということにすぎない。大統領の独断的行動の後始末に日本が付き合わされただけだ。しかも見過ごせないのが、ＴＰＰで決めた日本製自動車と部品に対する関税撤廃が白紙に戻り、継続協議となったことだ。互恵どころか日本の一方的な譲歩だ。再選を狙い成果を急ぐ大統領に迎合したとしか言いようがない。

自動車関連に対する米国の関税が継続することで、自由化協定の質も下がった。世界貿易機関（ＷＴＯ）のルールでは貿易自由化協定は90％めどの関税撤廃率（金額ベース）が条件であるため、継続協議となった自動車関連の関税を「撤廃」扱いにした上で、撤廃率を日米とも90％前後とした。自由化ルールに適合したように見せかけているが、実態は自由貿易の空洞化であろう。

米国が突きつけた日本車への追加関税や輸入数量規制の回避を最優先にしたため、他の問題には目をつぶった面もあるだろう。だが米国の制裁回避は口約束にとどまり協定には明記されていない。予測不能な大統領が蒸し返す懸念もある。

日本はかつて、半導体などで制裁関税を武器にした対米輸出規制をのまされた苦い経験がある。以後理不尽な対応には、友好国でもＷＴＯに訴える姿勢に転換したのではなかったのか。今回の追加関税や数量規制の脅しには、ＷＴＯへの提訴に持ち込む毅然《きぜん》とした姿勢を示してほしかった。

米国が同様の構図で、欧州に仕掛ける交渉が遅れている背景には、制裁関税をちらつかせる米国への欧州の拒否反応がある。「自由貿易の旗手」を自任しながら、身勝手な米国の都合を優先した今回の協定は、将来に禍根を残しかねない。

六　「巨大ＩＴに法規制」ルールと競争の両立を　１９年11月19日

デジタル経済化に伴い圧倒的な存在感を示している巨大ＩＴ企業に対し、政府が法的規制に踏み出す。ＧＡＦＡと呼ばれるグーグル、アップル、フェイスブック、アマゾン・コムに代表される巨大ＩＴは、膨大な情報流通の基盤であるプラットフォームを通し高収益を上げている。

しかしデジタル取引の内実は不透明で、公正取引委員会がこのほどまとめた実態調査で、優越的地位の乱用など不公正な取引の恐れが明らかになった。このため健全な競争環境の整備には、取引の新たなルール策定が必要と判断。政府は年明けの通常国会に取引透明化の新法案や個人情報保護法の改正案を提出する。

これに対し、産業界からは、過度な規制強化は自由な競争を損ない、ＩＴ産業の成長にマイナスになりかねないとの警戒感もある。政府には、公正なルール作りと競争力向上を両立させるバランスを求めたい。

ＧＡＦＡなどに共通するプラットフォーム運営の特徴は、広告主・出店業者と消費者との「両面市場」を展開することだ。情報のネットワーク化で、利用者数の増加と参入業者の拡大が相乗効果で進み、市場支配力が極めて強くなる。世界の市場占有率は検索がグーグル92％、SNSがフェイスブック69％という具合だ。日本勢もヤフーとLINEが経営統合し、巨大IT化を狙う。

公取委の調査報告は、プラットフォームビジネスに関し、利便性や生産性で消費者や経済活動に有益と評価する半面、優越的地位の乱用など不当行為の恐れも見受けられると指摘。聞き取り調査に基づき、個人情報の無断利用、出店料金の一方的引き上げ、競合業者の排除、商品表示順番の恣《し》意的操作を例示した。

政府はこれらの改善に向け、取引条件の開示などの透明化新法や個人情報保護法の厳格化で対応する方針だ。公取委も近く独禁法上の規制範囲を明示した新指針を示す意向だ。基本姿勢としては「プラットフォーマーが現在の技術革新の源泉になっている」と評価した上で、競争力を向上させ経済をけん引するためには、公正な市場ルールが必要と訴える。

とはいえ、これまでの対応が欧米より遅れているのも事実だ。巨大IT規制を強化している欧州は、違法行為に対する制裁金額が最近で年4千億円超と日本の200倍以上に上る。米国では巨大IT分割論も出ているほどだ。技術革新の勢いをそいでは駄目だが、寡占化の放置は健全な競争に弊害を生む。実効性あるルールを期待したい。

七　「経済展望」危機領域から脱却急げ　１９年12月27日

来年は世界経済の行方を大きく左右する米大統領選挙の年だ。

トランプ大統領が仕掛けた米中貿易戦争で世界経済は1年余り前から変調をきたし、貿易や生産の伸びは急減速した。世界は成長が持続しつつ物価は安定する「適温経済」と呼ばれていたのがうそのような退潮ぶり。米国の輸入制裁関税で中国経済が打撃を受け、その連鎖で日本の輸出産業にも影響が及んだ。

日本経済の苦境は、海外要因だけでない。少子高齢化の進展で、消費低迷など経済の地力が弱まり、財政・金融に過度に依存するアベノミクスの副作用が深刻化。２０１９年度の政府予算は、税収が当初見積もりを2兆円超下回り、年度途中の赤字国債増発で穴埋めする異常事態となった。

「トランプリスク」と「アベノミクスの副作用」という内憂外患を抱えての越年となったが、こうした危機が日本経済の底割れ懸念を深める。

大統領選を11月に控え、再選最優先の大統領のなりふり構わぬ言動が、世界経済に一層予測不能な負荷をかけそうだ。貿易相手国に制裁関税を振り回すのも、国内支持層への成果誇示が狙いだ。昨年末の米中協議は、制裁関税の見送りや緩和で、農産物の対中輸出拡大に道を付けた。農家票獲得には有効だろうが中国の産業補助金など構造問題は棚上げ状態だ。

対立の根幹が解消しなければ、関税を武器にした保護貿易の流れは続く。昨年末には、自由貿易ルールのお目付け役である世界貿易機関（ＷＴＯ）が、米国の反対で欠員補充できず創設以来初の機能まひに陥った。現政権が継続すれば、戦後続いた自由貿易体制は修復不能の危機に陥るだろう。

日本経済はどうか。米中摩擦の長期化で上場企業の２０年３月期決算は軒並み減益決算となる見通しだ。１９年３月期も減益で、２年連続の減益となれば、リーマンショック以後で初となる。

２０年度の経済成長率見通しも、民間部門の多くが実質０％台で五輪後の下振れリスクが高いとみるが、政府は１・４％と楽観的だ。これを基に２０年度政府予算案も１０２兆円台に膨張。１９年度が税収不足のため補正予算で赤字国債追加発行を余儀なくされたばかりなのにだ。査定力がうせて赤字垂れ流しを意に介さない財政運営は末期的だ。

金融政策もマイナス金利継続で地方金融機関の業績悪化が深刻化。海外で景気刺激を図る利下げの動きなど円高圧力が強まっても、日銀の打つ手は限られる。世界も日本も、危機ゾーンからの脱却が急務だ。

八　「楽天と公取委が対立」送料押しつけはないか　２０年3月2日

公正取引委員会は、楽天がサイト出店業者に求めた送料無料化に対し緊急停止命令を出すよう東京地裁に申し立てた。独占禁止法が禁じた優越的地位の乱用の疑いがあるとの判断からで、３月18日に開始予定の無料化を止めさせるのが狙いだ。送料無料化は出店業者への負担押しつけかどうか。ＩＴ規制を強化する公取委の緊急申し立てで、双方の対立は司法の場に持ち込まれた。

対立のきっかけは、通販サイト「楽天市場」１店舗での購入金額が３９８０円以上の場合に、送料無料の方針を各店舗に通知したことだ。これに対し立場の弱い出店業者が、顧客への送料分を肩代わりせざるを得なくなり負担が増すとして猛反発。公取委も、楽天に立ち入り検査を実施した。

楽天はその後（１）送料込みの価格にすれば業者の負担にならない（２）サイトから撤退する店舗には出店料を払い戻す—と微修正。停止申し立てにも、優越的地位の乱用には当たらないとして、３月18日実施を貫く構えだ。

しかしこれでは、購入者にとって送料無料は見せかけになるか、出店業者が他の通販サイトとの競争上、送料分を負担する結果になりかねまい。「時代の流れは送料無料」との楽天の主張には無理があるのではないか。

楽天が強硬姿勢を崩さないのは、アマゾン・コムの脅威があるからだ。ネット通販で米国市場の５割を占め世界で圧倒的な力を持つ。日本法人も、価格や使い勝手の面で顧客本位を優先した通販サイトが日本市場で急成長。先行していた楽天は、昨年12月の決算で８年ぶりの赤字となった。楽天の業績の陰りの背景には、両社のビジネス手法の違いがある。

アマゾンは、出店業者の商品も扱うが、自社仕入れの直売が主力だ。大型保管施設、注文、出荷、返品などの物流システムを整備、出店業者にも開放するため、有料会員は送料無料が基本だ。非会員の購入も多くは2千円以上は送料無料になる。

これに対し楽天の手法は、サイト上の商店の出店料収入が基本で、販売主体は各出店業者になる。このため送料や表示法はまちまちで、低価格化など顧客戦略を優先するアマゾンに比べ分が悪いのは当然だろう。

「アマゾンに負けている理由は送料だ」と楽天は焦るが、巻き返しを図るため、出店業者に工夫や負担を求めるのは理解を得にくい。ポイント付与による販売促進にも限界があるだろう。低価格化に向けた物流網整備や表示統一化へ自ら重点投資することこそが本筋なのではないか。

九 「過去最大の緊急経済対策」安心はまだ見えない　２０年4月8日

新型コロナウイルスの感染拡大で経済活動が停滞、家計収入も減少する中、政府の緊急経済対策がまとまった。「戦後最大の経済危機」とみて、財政投融資や民間資金を含む事業規模は１０８兆円と、リーマンショック時に比べ約2倍の過去最大の対策となる。

しかし景気対策で乗り切れた従来の経済危機とは違って、命の脅威に直結する危機だ。医療体制整備に2兆５千億円を計上したが、医療上の対応の遅れは否めない。感染抑止こそが最大の経済対策との構えで取り組みを急がなければ、危機克服へ安心は見えてこない。

経済対策の最大の目玉は収入が急減した世帯への現金給付で、自己申告に基づき1世帯当たり最大30万円とする。児童手当も1回限りで1万円追加。与野党から要望が出た全世帯一律給付や消費税減税は見送る。今後具体的な条件や手続きで混乱がないよう求めたい。

幅広く目配りしたのは企業支援だ。収入が半減した個人事業者に最大１００万円、中小企業者に同２００万円給付するほか、税金や社会保険料の納付を1年間猶予する。資金繰り支援は、無利子融資や特別融資枠などで45兆円に膨らんだ。

雇用を維持する企業向けの雇用調整助成金も拡充した。また感染終息後を見据え、被害の大きい観光、運輸、飲食、イベント業を補助する２兆円の消費刺激策を用意。長期戦に備え1兆５千億円の予備費も創設した。

出口の見えない危機には大胆な資金投入が必要だ。このため総額６兆円の現金支給などに充てる16兆円規模の２０２０年度補正予算案をまとめた。その財源は全額国債発行（借金）で賄う。

国庫は既に借金の山だが、今後も税収の大幅下方修正とともに、国債の追加発行は必至だ。通期では２０年度当初予算に計上した32兆円をはるかに超える空前の規模に膨らむ恐れがある。不測の事態への備えを欠いた放漫財政の付けが国民に回れば、新たな経済危機にもつながりかねない。

しかも最大規模の対策を実施しても、生活や経済が立ち直るのは感染抑え込みにめどが立ってからだ。緊急事態宣言による「列島総自粛」のみでは乗り切れまい。対策は、夏にも新型コロナ治療薬としての承認が視野に入るアビガンの備蓄を200万人分に増やすと明記したが、新たな治療薬、ワクチンの開発は最優先だ。検査機器やマスク、人工呼吸器、隔離病床の確保も一刻を争う。

政府は、弱点が露呈した感染症に対する包括的安全網の強化策についても国民に周知すべきだ。

十　「原油価格急落で協調減産」世界経済の混乱避けよ　20年4月14日

迷走していた原油の協調減産が決まった。日量970万バレルと世界生産量の1割に当たり過去最大だ。新型コロナウイルス感染が広がる中、需要減に対応する産油国協議が決裂して1カ月余。一時は1バレル＝19ドル台と18年ぶりの安値を付けたが、対立していた米国、ロシア、サウジアラビアの三大産油国がようやく歩み寄った。

970万バレル減産は5月と6月で、7月以降は需要動向を見ながら減産幅を調整する方針だ。サウジやロシアなどによる減産枠組みの枠外にある米国なども、独自に減産対応する。今回の減産決定を受けて相場は、20ドル台前半で推移している。大恐慌並みの打撃を受けている世界経済にとっては、原油相場の安定が望ましい。

しかし現在2千万バレルともみられる需要減の動向や３カ国の思惑が絡み、相場の先行きは依然不透明だ。感染拡大で落ち込む世界経済がオイルマネー収縮などで一層混乱しないよう求めたい。

先物指標の米国産標準油種（ＷＴＩ）は1月のイラン情勢緊迫化で1バレル＝60ドル台を付けた後は、50ドル台で推移していたが、コロナショックによる世界的需要減で下落歩調に一変。ここから相場下支えに回るはずの産油国の協調減産が迷走したのはなぜか。３月６日の産油国協議で、中東産油国の盟主・サウジが減産を提唱したのに対しロシアが拒否し、決裂したことがきっかけだ。

ロシアの狙いは、市場で存在感を増す新興の米シェールオイル企業つぶしだ。価格を下げて、生産コストが割高なシェールオイルのシェアを奪い返せると読んだからだ。

ところがロシアの離反に怒ったサウジが一転増産を決定。減産による価格維持からシェア拡大を図り安値競争を仕掛けたことで、ロシアは想定を超えた価格下落で増産断念に追い込まれた。原油収入に大きく依存する財政構造はサウジも同様で、相場急落は大きな痛手となるのは明らかだ。

一層窮地に立ったのは米シェールオイル企業だ。生産効率化で40～50ドルで利益が出るようになり、サウジやロシアのシェアを徐々に浸食したが、価格急落で、経営破綻した企業も出た。「コロナショック」に加え、シェールオイル業界の苦境は、再選を狙うトランプ大統領にとって黙認できない事態だ。両国に減産を強く迫る一方で、生産調整の枠外国でありながら、事実上の協調減産に踏み込んだ。とはいえ呉越同舟の産油国がどこまで連携を持続できるか。全ては相場動向次第だろう。

十一「財政無責任政権」税金のアベノサイフ化顕著に　２０年6月4日

コロナ対策を巡る前代未聞の規模の財政投入は、現政権の無責任体質を如実に表した。1、2次補正を合わせ空前の規模となった58兆円は、全額を国債発行で賄う。しかも使途が縛られず自由に使える予備費が空前の10兆円に上ったほか、企業への持続化給付金や、企業が被雇用者に支払う休業手当を補てんする雇用調整助成金の給付が民間に丸投げし、その委託費が民間企業に流れる。コロナ禍に乗じた、密に蟻が群がる如くの実態が浮き彫りになった。感染終息後に観光や旅行などに対し助成する「ＧＯＴＯキャンペーン」に至っては、予算1兆5千億円の二割が委託費として計上された。与野党とも対策がまだ不十分としてさらなる予算を要求しているが、不透明な民間委託構造を放置したままでは、予算措置が膨らむほど、民間委託費も膨らむ。コロナ禍救済費用の一体何割が中抜きされ、支援が必要な個人や企業に予算のどの程度が到達するのか不明だ。コロナ禍で露呈した現政権の放漫財政体質は、今回に限らず政権発足以来一貫して続き、年を追ってあからさまになっている。この7年間財政規律が少しでも保たれていれば、今回の財政への重圧も軽減されていたはずだ。国の借金が1千兆円に迫る財政危機下で、まるで税金をアベノサイフと勘違いしているかのようなバラマキに対し、国民はもっと危機感を持って怒らなければならない。

【存在感薄れる財務省】

予算編成は、要求省庁や政治からの恒常的な歳出圧力に対し、財務省主計局の厳しい査定が働くことにより、何とかバランスが維持されてきたが、現政権になって、様相が一変。主計局の査定力が弱まっているとの指摘が、以前から同省ＯＢから出ていた。査定力の弱体化は、太田現主計局長になってから一段と目立ってきた。森友学園への国有地払い下げ問題が国会で追及されたときの理財局長だ。答弁等で盾の役割を果たし昨年既定路線だった主計局長に就任したが、「主計局は査定をするのが業務じゃなかったのか」との厳しい声も漏れるほど主計局の存在がかすんでいる。ましてや今回の二回にわたる補正予算は、コロナ禍の緊急事態の中で、慌ただしく編成する必要に迫られたという事情もあるだろう。編成過程では、経済回復を至上命題に掲げる経産省を中心とした官邸官僚の仕切りが目立つ一方で、同省の存在感は見えないままだった。予算成立後に、経産省所管の持続化給付金の民間委託費の不透明性が表面化したのも、財務省の査定が機能不全だったことを示すものだ。国民が納める税金等で編成される政府予算が適正に執行されているのか、国民には知るよしもない。それを政府内で厳しくチェックするのが主計局の役割のはずだ。それが今や事実上官邸の追認機関に成り下がるほど弱体化した。政府が立案する法令の憲法上の適否を判定する内閣法制局の地盤沈下とまるで同じ道をたどっているかのようだ。

【財政崩壊の危機】

法治とともに国家統治の基本である財政の暴走に歯止めがなくなれば、国家は解体過程に陥るだろう。安倍晋三首相はコロナ対策に関し「世界最大規模の財政出動で日本を守り抜く」と誇示するが、世界で最も深刻な財政危機に直面し、今にも底が抜けようとしている日本の首相がそんな発言をする資格があるのか。言葉を失う。今回のコロナ対策で首相が一番意識したと言われるドイツは、いち早く手厚い救済策を講じ、消費税の減税にも乗り出すが、日本と決定的に異なるのは、2014年に財政均衡を達成、それ以降蓄積した財政余力を今回の緊急事態に回すのだ。国を守るというのはこういうことだろう。

財政基盤に雲泥の差があることを無視して、支援規模を競い合い「日本を守り抜く」とは一体何を考えているのか。無分別は呆れるどころか百害あって一利なし、危険でさえある。

麻生太郎財務相も同様だ。緊急対策の58を全額国債発行で賄うことに関し「(国債価格が急落して)金利が上がるぞと(マスコミは)オオカミ少年みたいなことをやっているが、現実には上がっていない」としたり顔だが、金利が上がらないのは、日銀が金融機関から国債を大量購入しているからに過ぎない。金利が上がらない(価格が下がらない)ように、日銀が買い支えしているのだ。

政府内には、政府と日銀を一体化した「統合政府」と捉え、政府の借金を日銀が資産として保有しているのだから、「日銀が国債を消却すれば政府の借金問題は解決する」との全く間違った珍説も出回る。

現実には、日銀が国債を購入する原資は、日銀がお札を刷って手当てしているのではなく、金融機関が日銀に預ける準備預金（当座預金）である。つまり日銀が国債を消却すると言うことは、国民の預金がその分消滅することを意味するのだ。コロナ禍で一段と財政苦境が深刻化したことで、日本国債の格付けを引き下げる動きも出ている。今回の事態を取り敢えず乗り切り「後は野となれ山となれ」の亡国の政権を一刻も早く退場させなければ、本当に国が持たない。

十二　「ネット広告規制」透明性高めるルールを　２０年７月９日

巨大ＩＴ企業の影響が強いインターネット広告の規制に、政府が乗り出す。ネット広告は企業などの広告費の３割を占めるまでに成長したが、料金体系の不透明さや閲覧回数の水増しなど見過ごせない問題が出ている。

経済のデジタル化に伴い、取引の透明化新法、個人情報保護法改正が先の国会で成立。政府は独占禁止法適用を拡大する新指針と合わせた３点セットで、公正なデジタル取引の枠組みを策定した。ネット通販などで市場支配力を増す巨大ＩＴから、出店業者や消費者を守るのが狙いだ。

ネット広告に対しても、新たな規制を盛り込んだ最終報告を年末にまとめ、法制化を目指す。巨大ＩＴの「勝者総取り」を防ぎ、公正な競争を図るため透明性を高めるルール化を求めたい。

商品や企業広告に投入される広告費は、現在年約７兆円に上る。テレビ、新聞、雑誌、ラジオの４

媒体の広告に勢いがない中で、ネット広告は右肩上がりの好調を持続。昨年は2・1兆円と、テレビの1・9兆円を抜いて初めて首位に立った。

その背景には、プラットフォーム（PF）を管理する巨大ITの強みがある。紙面や時間が限られる4媒体の広告と違い、ネット空間上に、大手から小規模事業者まで自在に広告を表示。また検索連動型で個人の好みに合わせるターゲティング広告も大きな武器だ。日本も含めた世界全体でのネット広告市場は、グーグルが圧倒的に強く、フェイスブックと合わせたシェアは5割以上と寡占化している。

しかし、内閣府が先月まとめたネット広告を巡る中間報告では、問題点も多い。巨大ITは、広告主と、広告枠を売る媒体の仲介手数料を得る一方、自社媒体も持つが、PFのデータ運用がブラックボックス化。広告主が払う費用が、適正に媒体側に配分されていないとの不満や、自社媒体を優遇しているとの批判が多い。最終報告には、透明な料金体系などのルール化を明記すべきだ。

また広告費算定の基となる閲覧数の水増し横行や商品にマッチしないサイトでの掲載も明らかになった。このため第三者機関による監視制度の導入も有力な検討課題となる見通しだ。ターゲティング広告には、消費者の7割が煩わしいと感じており、初期設定の禁止案も浮上している。

欧米当局はグーグルに対し、競争相手の広告掲載締め出しなどを理由に巨額の制裁金を科し、広告分野の分割論も台頭している。巨大IT規制強化に連携した日本の監視網整備を期待したい。

十三　「景気後退を初認定」幻の戦後最長は罪深い　２０年8月3日

政府が強く主張してきた「戦後最長の景気拡大」は幻だった。過去最長だったいざなみ景気（２００２年2月～０８年2月までの73カ月）を抜いたとされた１２年12月からの景気拡大局面は、１８年10月に終了したことが、政府の有識者による会合で公式に認定された。同年11月から後退局面に入り拡大期間は71カ月、いざなみ景気に次ぐ長さにとどまった。

現政権誕生とともに回復に向かった景気について、政府は１９年1月時点で「拡大は74カ月となったとみられる」と事実上の景気最長宣言をした経緯がある。エコノミストの間では消費動向など各種経済指標を基に「既に景気の山は過ぎた」との見方が大勢だった中で、アベノミクスの成果を誇示する狙いがあったのだろう。

だが勇み足では片付けられない。政権首脳はその後も「最長景気を達成しアベノミクスは今なお進化を続けている」と、強気の姿勢を堅持してきた。客観的経済指標を軽んじ、正当性をゴリ押しする経済運営の罪深さが問われるべきだ。

景気は山と谷を繰り返し、谷から山までが拡大期、山から谷までが後退期だ。有識者による内閣府の研究会は、様々な経済指標を基に12年末から続いた景気の山を初めて１８年10月と認定した。異次元の金融緩和に財政出動、円安による輸出企業の好業績が主導した景気拡大は、米中による報復関税の応酬で輸出が鈍化した時点で、終息したことになる。

いざなみ景気の長さに届かなかった上に、実質経済成長率はいざなみの年平均1・6%を下回る1・2%と横ばいに近い。実質賃金の伸びはマイナス0・5%だ。「実感なき景気拡大」がアベノミクスの内実だった。

しかし政府の景気判断を示す月例経済報告は、コロナ禍直前の今年2月まで「景気は緩やかに回復している」と強気の表現を続けた。現実にはコロナ禍に見舞われる1年半前に景気は下り坂に入っていたのに、この間、拡大期に2度延期した10%への消費税増税を実施、消費を一段と冷え込ませる引き金になった。また税収増加を見込んで歳出膨張策を加速したが、19年度の税収は、当初見積もりに比べ4兆円も減少した。現実と向き合わない強引な政策が、こうした失態を招いたのは明白ではないか。

本年度の実質経済成長率が、リーマンショック時（08年度3・4%減）を超えて落ち込むのは確実だ。底は脱したとの見方もあるが、保身優先の政権ではまともな経済復興は望めないだろう。

十四 「政府予算の概算要求」主計官僚の使命果たせ　20年10月2日

2021年度政府予算の府省庁から出された概算要求が締め切られた。要求総額は過去最高の20

年度の１０５兆円を上回り、７年連続で１００兆円超となる見通しだ。

ただコロナ禍の進行などで、金額を示さない事項だけの要求が目立ち、透明性が後退したのは問題だ。今後大幅な要求上積みが見込まれ、かつてない膨張予算となりそうだ。コロナ禍で要求期限が例年より1カ月延期された分、査定作業も短縮され、厳しい環境での編成作業となる。

だが財政事情は、瀕死《ひんし》の状態にある。２０年度予算は安倍政権で長く続いた歳出膨張にコロナ対策費が加わり、２次補正後に１６０兆円に達する。このうち借金（国債）による分が90兆円だ。

２１年度予算はかつてない危機での編成だからこそ、歳出膨張が国民負担増を招く悪循環を断ち切るため、財務省は不要不急や無駄な歳出を徹底削減する必要がある。前政権下で弱体化した同省に奮起を促したい。

厚生労働省は前年度当初並みの33兆円だが年金や医療を抱え、省庁の中で突出した額だ。検査拡充やワクチン開発などコロナ対策費は事項要求となり、さらに数兆円の上積みを見込む。他省庁もコロナ関連の要求が際立つが、便乗がないか精査が必要だ。新政権の目玉の行政デジタル化も、マイナンバーカード普及で１４５１億円（総務省）など先陣を争うように関連要求が相次いだ。

防衛費は5兆4千億円台と過去最高で、９年連続増加となるかが焦点だ。国土交通省は6兆円弱と横ばいだが、国土強靭化《きょうじんか》経費は事項要求で、大幅上積みを見込む。借金の元利払いに充てる国債費は、９・２％増の25兆5千億円と歳出総額の４分の1に膨らんだ。

予算要求に無駄がないか、趣旨は適切か、など査定するのが財務省主計局だ。しかし２０年度補正予算では、コロナとは無関係に見える便乗予算の紛れ込みや空前の10兆円予備費、「Go Toキャンペーン」などで不明朗な民間委託費が問題になった。首相官邸の指示が優先され、主計局の査定権限は空洞化した。ＯＢから「主計局は査定するのが仕事だろう」と批判され、省内は危機感と無力感が入り交じる。

行政をつかさどる政治家は国民に選ばれた優位性があるものの、予算が時の政権の専横に陥らないよう監視するのは主計官僚の役割だ。緊張感を持って政治に対峙《たいじ》、国民の税金が透明で公正に使われるよう使命を果たしてほしい。前政権の放漫財政を継承するのか新政権の試金石ともなる。

十五　「米新政権の経済課題」協調体制の再構築を　２１年1月15日

20日に就任するバイデン次期米大統領は、直面する優先課題として新型コロナウイルス感染症の収束とともに、経済の立て直しを挙げた。トランプ政権が引き起こした経済混乱は、ばらまき財政にコロナ禍が加わり、リーマンショック時を上回る景気後退や財政赤字を招いた。不安定な経済下の株高先行などで所得格差も一段と拡大した。

対外的には米中経済関係の対立激化に加え、同盟国との貿易でもぎくしゃくした関係に陥り、世界は保護貿易的色彩が強まった。内外ともに「失われた4年間」の修復は容易ではないが、一刻も早く分断を生んだ所得格差の是正や国際協調の再構築に着手してほしい。

２０２０会計年度（１９年10月～２０年９月）の財政赤字は、トランプ政権での支持率優先の大規模減税とコロナ対策の歳出急増が加わり、リーマンショック後の2倍超の３３０兆円と過去最大になった。新政権は２００兆円規模の経済対策を追加するため赤字はさらに膨らむが、金融緩和策の継続とともに、当面はコロナ対策に全力を注ぐ。

一方でバイデン氏は法人税や富裕層の増税と最低賃金の引き上げを表明。所得再配分の強化策による中間層の立て直しで分断の修復と財政赤字是正を図ることが、今後の大きな課題となる。

同氏が選挙戦で強調したのは、対立から国際協調への転換だ。トランプ政権で次々と離脱した国際的な枠組みへの復帰が急務となる。最優先の懸案は温室効果ガスの排出削減だ。

新政権は発足と同時に、パリ協定に再加盟すると公約した。ガス排出大国の責務として、米中が協力してパリ協定の推進役を果たすべきだ。さらにオバマ前政権が主導して創設した環太平洋連携協定（ＴＰＰ）に復帰すれば、国際協調へ向かう象徴となろう。

一筋縄でいかないのが米中関係だ。強制的な技術移転や国家的産業保護という中国の政策に対し、トランプ政権は力ずくの制裁関税で対応、中国の報復を呼んだ。通信機器大手の華為技術（ファーウェイ）に対する米国の半導体輸出規制に対抗して、中国も安全保障関連の輸出管理法を施行するなど通信技術での攻防は激化の一途をたどる。新政権は同盟国との協調を基に強硬路線を貫く構えだ。通信技術はデジタル化する国家の安全保障に関わるだけに、妥協は容易でない。

日本にとっては最大の貿易相手同士の対立はしわ寄せが大きいが、双方がルールに基づく交渉に戻り、摩擦リスクが軽減するよう願いたい。

十六　「GDP11年ぶりの減少」コロナ後の復活険しい　21年2月15日

2020年の日本経済は、新型コロナウイルスの感染拡大で11年ぶりのマイナス成長となった。内閣府が発表した昨年10～12月期の国内総生産（GDP）速報値は前期比実質3％（年率換算12・7％）増と2四半期連続のプラスだ。だが、通期では4・8％減とリーマンショック後の09年の5・7％減に次ぐ戦後2番目の落ち込みだ。

1月に緊急事態宣言が再発令されたため1～3月期は低迷しても、ワクチン接種の本格化に伴い、4～6月期からは経済活動も回復軌道に乗ると政府は強気に見込む。株式相場も、世界的なコロナ支援策を好感して、バブル期以来30年半ぶりに3万円台に乗せた。

しかし自粛の反動で成長率はプラスに転じても、コロナ後の復活を楽観視するのは禁物だ。収束へ出口が見えてきても、対策費がかさみGDPの2倍以上に膨らんだ借金の処理など至難の出口対策が待ち受ける。失われた国富を取り戻すのは険しい道と言えそうだ。

昨年のＧＤＰは、感染の波に連動した。影響が出始めた1～3月は年率2％台に減少、4～6月は緊急事態宣言が響き消費や輸出など総崩れで29・3％減と過去最悪を記録。宣言解除後の7～9月はその反動で22％超の急増となった。

10～12月期もプラスを維持したのは、引き続き、企業活動や消費が活発だったことが要因だ。特に、内需の推進役を果たしたのは観光支援事業「Go To トラベル」だが、年末にかけて再び感染が拡大したことで同事業が縮小・中止になり、景気は勢いを失った。

世界的にも米国のＧＤＰは昨年3・5％減と、第2次世界大戦直後の1946年以来の落ち込みだ。都市封鎖が相次いだユーロ圏は6・8％減などと、感染の世界的まん延で軒並みマイナス成長を記録したのは当然だ。

今後各国の重荷となるのは、家計や企業に投入した膨大な支援額の処理だ。国際通貨基金（ＩＭＦ）によると、世界の財政支援は1年間に1445兆円で、公的債務総額は、世界のＧＤＰに匹敵する額に積み上がった。日本の支援額は米国に次ぐ230兆円で、債務総額の対ＧＤＰ比は258％と世界で突出する。

企業の経営破綻が今後相次げば金融機関の不良債権が急増する。景気回復の中核を担う個人消費も、少子高齢化でけん引力が弱い。かと言って、現実離れした高い経済成長を目標に財政出動を続ければ、借金が膨らむだけだ。高いハードルが待つにせよ、政府は債務返済を含む復興の具体的道筋を示す必要がある。

十七　「国民負担率上昇」それでも自助優先なのか　21年4月2日

菅義偉首相が目指す社会像「自助、共助、公助」の順番が、新型コロナウイルス対策と絡んで国会論戦の焦点となった。自民党議員も指摘した「今こそ公助の出番」に首相は「コロナ禍では当然」と同調しながらも、自身の考え方は「変わっていない」と答弁。第1に自助を掲げることの必要性を強調した。

国民の負担を軽減する代わりに、自助を促す「小さな政府」は、まっとうな選択肢の1つではある。しかし財務省が公表した2020年度の租税などの国民負担率（実績見込み）は46・1％と過去最高を更新した。これまでの推移を見ると、コロナ禍以前でも国民負担は増加の一途をたどってきたことが一目瞭然だ。

国民に所得の5割近い負担を課しながら、自助優先、公助後回しを掲げるのは全く説得力を欠く。コロナ後は暮らしの安定と格差是正に向け、公的部門の役割が高まるだろう。世界が模索する方向にも逆行している。

国民負担率は、税と医療・年金など社会保障費負担の合計が国民所得に占める比率だ。マクロ的な数値ではあるが、国民負担の推移や国際比較上も重要な指標で、毎年財務省が国会に提出する。

２０年度は46・１％と、前年度の44・４％から跳ね上がった。これは、負担が租税０・５％、社会保障費１・３％と増加した上に、コロナ禍の経済不振で「分母」の国民所得が24・３％も激減したことが大きく響いた。

２１年度は所得が上向くため、負担率も44・３％に下がると見込むが、過去10年では、37％から年約１％の上昇ペースだ。経済協力開発機構（ＯＥＣＤ）加盟国の中で負担率は26番目とまだ少ない方だが、負担が高まる傾向は明らかだ。

とはいえ、国民負担が少ない方がより望ましい社会というわけではない。スウェーデンやデンマークなど北欧諸国は60％前後と負担率は高いが、年金・医療など公共サービス（公助）の充実と、スリムで効率的な政治とで国民の満足度は高い。国民負担率が妥当かどうかは結局、公助とのバランス、政治に対する信頼度次第と言える。

日本はどうか。国民がいずれ背負う財政赤字を含む潜在的国民負担率は２１年度で56・５％と北欧諸国並みに上がる。その割に受益は見劣りし、負担とのバランスの悪さは明白だ。

やるべきことは、国民に自助を促すより、デジタル化の遅れなどで目詰まり気味の社会保障・福祉サービスの強化、そして国会議員の高額歳費見直しも含む政治の効率化、信頼回復のはずだ。

十八　「国際的な企業課税」財源安定化へ各国協調を　21年4月28日

コロナ禍支援で各国の財政が悪化する中、国際的な企業課税強化が実現に動きだした。バイデン米政権が国際的な法人税改革案を提示、経済協力開発機構（ＯＥＣＤ）も呼応して、法人税の統一ルールをまとめる方針を表明したからだ。

改革案は2点で、世界共通の最低税率を設定するのが1つ。企業競争力を維持するための各国間の法人税引き下げ競争に、歯止めをかけるのが狙いだ。もう1つは高収益を上げる巨大ＩＴなど多国籍企業に対する新税で、米国は対象を約１００社に絞る構想を示した。

高収益の巨大企業が増える一方で、低税率の国へ拠点を移す租税回避行動や、デジタル化による取引把握の困難さで、各国の税収基盤の縮小が深刻化している。これに追い打ちをかけたのがコロナ禍対応による膨大な政府債務だ。２０２１年の世界の政府債務は国内総生産（ＧＤＰ）合計の水準にまで急膨張する。

ＯＥＣＤを中心に約１４０カ国が7月に統一ルールの合意を目指すが、財政健全化のために各国は協調すべき時だ。

ＯＥＣＤは以前から国際課税のルール作りを検討していたが、米国優先のトランプ政権時に停滞。経済立て直しを急ぐバイデン政権が改革の背中を押した形だ。

米国は、２５０兆円のインフラ投資計画の財源として、連邦法人税を21％から28％に引き上げる２７５兆円の増税案を発表。その実現には、世界規模で最低税率を導入、税率引き下げ競争を断つことが急務との事情がある。

税率が19％と主要国で最低の英国も、２３年に25％に引き上げる。米国案はその下支えの効果がある。23％（地方税含む実効税率は29％）まで引き下げた日本にとっても渡りに船だ。政府債務がＧＤＰ比２倍超と世界で突出する現状でも、支持率に響く増税には踏み出せない中で、米国提案は税収安定化につながる。

最低税率は20％台が見込まれるが、高めだと税収基盤が安定化する半面、低率を売りに投資を呼び込んでいる国には打撃となる。相互に歩み寄れる合意ラインを目指して努力すべきだ。

一方の新税案は元々、ＩＴ企業に対するデジタル取引課税構想だった。しかし今回、米国が国内の巨大ＩＴに配慮して、ＩＴに限らず高収益の多国籍企業など約１００社を選んで売上高に課す新税を提案。今後の具体的な企業選定を経て新税が実現するよう期待したい。

改革が実現すれば、30年間続いた法人税率引き下げ競争の大きな転換点となるのは間違いない。

十九　「ネット広告に法規制」実効性が試される　21年5月31日

公正さに欠けるとの批判が強いインターネット広告取引に、透明性を促す法規制の枠組みが固まった。政府は、2月に施行した巨大ＩＴ規制新法が対象とするオンラインモールとアプリストアの2事業に、ネット広告を新たに追加。契約変更や個人情報の使用条件を事前報告する義務などを盛り込む政省令を整備、来年度にも適用する。

対象企業はグーグル、アマゾンジャパン、アップルに楽天グループ、ヤフーの国内勢となる。フェイスブックも加わる見通し。透明性を高める事前報告や契約条件の開示などで、巨大ＩＴによる優越的地位の乱用を防ぎ、公正な取引環境を整備してほしい。

ネット広告は新聞や放送などの広告に比べて急成長、市場規模は2兆円と全体の3割を占める。中でも事業者や個人の取引の場となるデジタルプラットフォーム（ＰＦ）上の広告は、ＰＦ提供者の巨大ＩＴの大きな収益源だ。その一方で広告主や消費者から取り扱いが不公正との批判が強い。

法規制は、ネット広告の改善点を指摘した公正取引委員会の最終報告を基に方向付けした。広告の仲介役や自ら媒体役を担う巨大ＩＴに対し、広告主が支払う掲載料が媒体側に正しく配分されていない実態があり、適正な料金体系を促す。自社媒体の優遇も是正する。

また広告費算定の基となる閲覧数の水増し是正策では、第三者機関による監視制度導入を求める。

優越的地位を利用した一方的な契約打ち切りを避けるため、契約変更の事前開示も明記する。

個人情報との関わりでは、検索利用などの無料サービスとの引き換えに、集めた個人情報を広告に無断利用しないよう、規約に明確化させる。検索連動型で個人の好みに合わせるターゲティング広告は、煩わしさを感じさせるため、初期設定にすることを禁じ個人が拒否できるよう求める。

こうした措置は、企業の自主性を重んじつつ事前対応を求める緩やかな規制といえる。自由競争を損なわない範囲で公正な取引を求めるのが狙いだからだ。最先端のテクノロジーで高収益分野を開拓する企業の技術革新を、妨げるわけにはいかないのは当然だろう。

国際的規制に対応して、グーグルが個人の行動履歴の追跡を制限できる基本ソフト（ＯＳ）を開発。アップルも最新のスマートフォンに行動履歴の追跡を許可しない機能を搭載したが、情報囲い込みの懸念が新たに生じかねまい。技術革新と並走しつつ、いかに公正さが保たれるか。規制の実効性が試される。

おわりに

37年間在籍した割にはさしたる感慨もなくあっけない幕切れだったな。定年時によぎったそんな思いすら、その後の緩い日々に溶け出す中で、過去に執筆した時評をまとめる気になったところへコロナ禍の襲来である。そんなわけで、執筆時点から随分時間が経ったが、何とか出版にこぎ着けることができた。渡辺出版の渡辺潔社長、西崎印刷の清田あづさ社長、仲介の労を取ってくれた共同時代の先輩、牧野俊樹氏のおかげであり、改めて感謝申し上げたい。

さて異次元の金融緩和の副作用から抜け出せないでいる日本。10年間金融政策の総指揮を執った黒田東彦氏は23年の退任記者会見で、反省の弁はなく「緩和は適切だった」と明言した。金融市場機能の低下や財政規律の喪失など副作用懸念が指摘されながら追加緩和を決めた14年の金融政策決定会合の議事録が25年1月に公表された。その際に、朝日新聞紙上に載った吉川洋東大名誉教授の関連談話に思わず膝を打った。例え話で、医者が「荒療治だが、手術すれば治る」と手術したが治らなかった。すると今度は「(治らなかったのは)患者の体質が悪いからだ」と言い放ったようなもの、との趣旨だった。取り返しの付かない社会実験をしておいて「政策は正しかったが、経済成長の効果が上がらなかったのは、国民の消費行動、企業行動に問題があったからだ。反省すべきは国民だ」と言わんばかりの同氏は、現在政策大学院大学で教鞭を執っている。一体何を教えると言うのだろうか。

国会に目を向けると、与野党とも選挙を意識してか財源論を後回しに、ばらまきを競う財政ポピュリズムがまん延している。さすがに参考人の有識者が「財政は崖っぷちに来ている。どうやったら(財政赤字)を回避できるかという視点が欠けている」と与野党の給付拡大を優先する国会審議や財政ポピュリズムの現状に苦言を呈した。

二期目のトランプ米大統領は一段と過激になって帰ってきた。異様なほどの気勢はとどまるところを知らない。私利に基づき、社会や経済の枠組みを根こそぎ変えようとのボルテージが上がるにつれ、異論を唱える声はかき消されつつあるようにみえる。民主主義の真骨頂であるはずのカウンターパワーは機能するのか。日本は、世界は、一体どこに向かうのか。不安は募る。ジムで跳ねたり、大谷選手にわくわくしたり、友人と杯を交わしたりする小さな日常に浸りつつも、時折ざらついた気分に陥るこの頃である。(了)

【略歴】

入来院 重建（いりきいん しげたつ）

1947年生まれ。
1971年　共同通信社入社
経済部長
ニュースセンター副長
論説副委員長
編集委員室長
2017年まで大東文化大学非常勤講師（マスコミニュケーション論）。
現在共同通信客員論説委員。

時評でみる経済近景・遠望

2025年4月24日　第1刷発行

著　者　入来院《いりきいん》 重建《しげたつ》
発行者　深澤 徹也
発行所　株式会社メトロポリタンプレス
〒174-0042 東京都板橋区東坂下2-4-15　TKビル1階
電話 03-5918-8461　FAX 03-5918-8463
https://www.metpress.co.jp

印刷・製本　株式会社ティーケー出版印刷

ISBN978-4-911209-68-4 C0033